NOTICE

SUR

L'ÉTAT DES ISRAÉLITES EN FRANCE.

NOTICE

SUR L'ÉTAT

DES ISRAÉLITES EN FRANCE,

EN RÉPONSE A DES QUESTIONS

PROPOSÉES

PAR UN SAVANT ÉTRANGER.

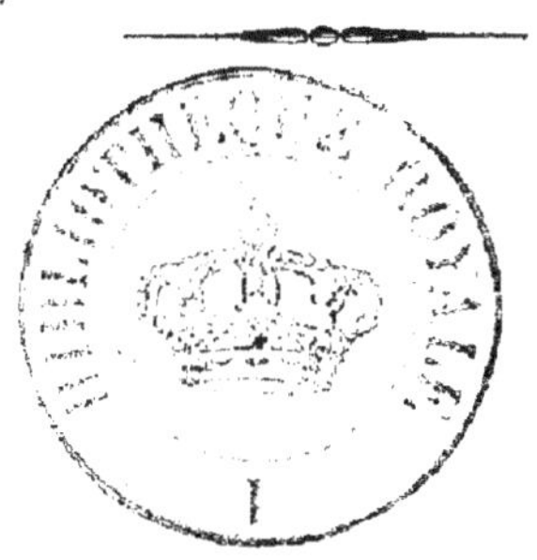

PARIS.

DE L'IMPRIMERIE DE PILLET AINÉ,
rue Christine, n° 5.

1821.

AVANT-PROPOS.

M. DE MULLER, conseiller de S. M. l'empereur de Russie, ayant été chargé par son souverain de s'occuper d'un travail sur les moyens d'améliorer le sort des Juifs de Pologne et de rendre leur existence dans ce pays plus avantageuse au bien général de la société, a cru, pour s'éclairer sur un objet d'une aussi grande importance, devoir se procurer des renseignemens positifs sur la situation actuelle des Israélites dans les diverses contrées de l'Europe.

Les questions rédigées à cet effet par ce savant ont été communiquées, en ce qui concerne la France, à une personne qui a été à portée de recueillir des informations authentiques et détaillées sur le nombre et l'état des sectateurs de la religion de Moïse dans ce royaume.

On a pensé que la Notice qui a été composée pour remplir les vues de M. de Muller, renfermant des faits historiques peu connus, pourrait présenter quelque intérêt, et on s'est, en conséquence, déterminé à la faire imprimer.

On ne se flatte pas que ce travail, malgré toutes les recherches auxquelles il a donné lieu, soit exempt d'erreurs et d'omissions ; mais on accueillera avec reconnaissance toutes les remarques que pourront faire les personnes instruites, pour contribuer à le perfectionner.

On n'a pas cru qu'il fût nécessaire dans ce Précis de remonter au delà du quinzième siècle ; mais celui qui s'en est occupé a aussi recueilli beaucoup de détails, en partie jusqu'à présent inédits, sur l'état des Juifs à des époques plus reculées, et il se propose de mettre par la suite ces matériaux en œuvre de manière à présenter un tableau aussi étendu que possible des vicissitudes que les individus de cette religion ont essuyées en France, depuis leur premier établissement dans les Gaules, sous les empereurs romains, jusqu'au tems actuel.

Il serait à souhaiter que, pour compléter ces recherches, les personnes qui, dans les divers départemens du royaume, se livrent à des études historiques, voulussent recueillir les faits que les monumens des tems passés ou les traditions locales peuvent fournir relativement à l'ancienne résidence des Juifs en différentes provinces, et aux événemens particuliers qui ont marqué leur séjour dans chacune d'elles.

On a déjà eu pour la rédaction de cette Notice des obligations à plusieurs hommes instruits, tant israélites qu'autres, lesquels, ayant pris intérêt aux questions qui s'y trouvent répondues, ont bien voulu faire part de leurs observations, dont on aime à reconnaître ici l'utilité.

E. C. M.,

Attaché au Ministère des affaires étrangères.

NOTICE

SUR

L'ÉTAT DES ISRAÉLITES EN FRANCE,

EN RÉPONSE

A DES QUESTIONS PROPOSÉES PAR UN SAVANT ÉTRANGER.

QUESTIONS.

1°. *Quel est le nombre des Juifs dans la France actuelle ?*

2°. *Dans quels départemens y en a-t-il ?*

RÉPONSES.

1° et 2°. Les renseignemens les plus nouveaux que l'on ait sur le nombre des Juifs en France datent de l'an 1808, et donnent un total de 46,290 individus, distribués ainsi qu'il suit dans les départemens :

Aisne.	1	
Allier.	5	
Ardennes.	11	
Aude	4	
Bouches-du-Rhône.	948	(dont 440 à Marseille.)
	969	

Report. . .	969	
Charente.	8	
Charente-Inférieure.	70	
Côte-d'Or.	251	(tous à Dijon.)
Dordogne	1	
Doubs	86	(tous à Besançon.)
Finistère	11	
Gard	425	(dont 371 à Nîmes.)
Haute-Garonne . . .	107	(tous à Toulouse.)
Gironde	2131	(tous à Bordeaux.)
Hérault.	141	(dont environ 100 à Montpellier.)
Ille-et-Vilaine. . . .	11	
Isère	4	
Landes	1198	(dont 1170 au Saint-Esprit, le surplus à Peyrehorade.)
Loir-et-Cher.	10	
Loire-Inférieure. . .	11	
Loiret	7	
Marne	2	
Marne (Haute-) . .	44	(tous à Bourbonne.)
Meurthe	3289	(dont 739 à Nancy.)
Meuse	405	(dont 214 à Verdun, 40 à Bar-le-Duc.)
Moselle	6506	(dont 2266 à Metz.)
Nord	166	(dont 84 à Lille.)
Pas-de-Calais	63	
Puy-de-Dôme	38	
Pyrénées (Basses-) .	127	(presque tous à Bayonne, quelques-uns à Pau.)
Rhin (Bas-).	16,155	(dont 1476 à Strasbourg.)
	32,236.	

Report. . .	32,236	
Rhin (Haut-). . . .	9915	(dont 182 à Colmar, 536 à Wintzenheim.)
Rhône	67	(tous à Lyon.)
Saône (Haute-). . .	5	
Seine.	2733	(tous à Paris.)
Seine-Inférieure. . .	47	(dont 26 à Rouen.)
Seine-et-Marne . . .	132	(tous à Fontainebleau.)
Seine-et-Oise	95	(tous à Versailles.)
Somme.	14	
Var.	14	
Vaucluse.	631	(dont 132 à Avignon.)
Vienne (Haute-) . .	29	
Vosges	345	(dont 12 à Epinal, 60 à Neufchâteau.)
Yonne	27	
TOTAL. . . .	46,290	

On n'a pas de recensement général authentique plus récent ; mais, d'après les progrès naturels de la population depuis treize ans, on croit pouvoir estimer à 50,000 au moins, le nombre actuel des Juifs.

Il y a même des personnes qui pensent que ce nombre est encore plus considérable, et qu'il va bien à plus de 60,000 ames. Cette opinion est fondée sur ce que les Juifs multiplient à proportion un peu plus rapidement que les Chrétiens, et sur ce que, depuis quelques années, il est encore venu en France un assez grand nombre d'Israélites allemands.

On voit que les principaux établissemens des Juifs en France sont :

1°. En ALSACE, principalement
Dans le *Bas-Rhin*, à Strasbourg, Bischheim, Haguenau, Marmoutier, Ingenheim ;
Dans le *Haut-Rhin*, à Wintzenheim, Hegenheim, Ribauvilliers, Bergheim, Biesheim.

2°. En LORRAINE et TROIS-ÉVÊCHÉS, principalement
Dans la *Moselle*, à Metz, Boulay, Thionville, Bouzonville, Sarguemines ;
Dans la *Meurthe*, à Nancy, Phalsbourg, Lunéville, Toul, Pont-à-Mousson ;
Dans la *Meuse*, à Verdun, Etain ;
Dans les *Vosges*, à Neufchâteau, Charmes, Remiremont.

3°. En GUIENNE et GASCOGNE, savoir :
Dans la *Gironde*, à Bordeaux ;
Dans les *Landes*, au Saint-Esprit (faubourg de Bayonne) ;
Dans les *Basses-Pyrénées*, à Bayonne.

4°. En LANGUEDOC, principalement
Dans le *Gard*, à Nîmes, Pont-Saint-Esprit ;
Dans l'*Hérault*, à Montpellier ;
Dans la *Haute-Garonne*, à Toulouse.

5°. En PROVENCE et COMTAT VENAISSIN, principalement

Dans *Vaucluse*, à Avignon, Carpentras, Lisle ;

Dans les *Bouches-du-Rhône*, à Marseille, Aix.

6°. A PARIS et dans quelques autres villes du centre de la France, comme Fontainebleau, Versailles, Rouen, Dijon, Lyon, etc.

QUESTIONS.

3°. *Remarque-t-on une différence dans leur civilisation d'un département à l'autre ?*

4°. *Ne sont-ils pas divisés en classes ou castes entre eux ?*

RÉPONSES.

3° et 4°. Une distinction essentielle à faire parmi les Juifs établis en France, est celle qui a lieu relativement à leur origine.

On distingue sous ce rapport :

1°. Les Juifs espagnols et portugais,

2°. Les Juifs avignonais,

3°. Les Juifs allemands.

On croit devoir entrer dans quelques détails historiques sur chacune de ces trois races.

Les Juifs espagnols et portugais sont originaires d'Espagne (d'où ils furent expulsés par Ferdinand et Isabelle en 1492), et de Portugal (d'où le roi Emmanuel les chassa pareillement en 1496). Ils étaient très-nombreux dans ces royaumes, où ils prétendent avoir été établis dès le tems de Nabuchodonosor. On évalue à 170,000 individus le nombre de ceux qui furent obligés de quitter l'Espagne.

Un grand nombre d'entre eux passa en Italie, dans le Levant, et en Barbarie. Les Juifs établis à Livourne depuis 1593 sont, en majorité, originaires d'Espagne; il y en a aussi de la même origine à Amsterdam, à Hambourg, à Londres. Il existe encore un grand nombre de familles originaires d'Espagne parmi les Juifs de Salonique, Constantinople, Smyrne, Alger, Maroc, Fez. On trouve des Juifs de race espagnole jusque dans les Indes-Orientales parmi ceux de Cochin.

Ceux des Juifs espagnols qui ne purent quitter leur pays furent forcés par l'inquisition de se faire baptiser et d'embrasser extérieurement le christianisme, mais en restant (pour la plupart) secrètement attachés à leur ancien culte : on les désigna sous le nom de *nouveaux chrétiens*, conjointement avec les descendans des Morisques ou Maures mahométans d'Espagne. (Ces derniers furent définitivement expulsés par Philippe III en 1609.)

Un Juif espagnol baptisé, nommé André Govea, étant venu s'établir à Bordeaux au commencement du seizième siècle, y devint, en 1534, professeur de belles-lettres. Profitant d'un édit de Louis XI, de février 1474, qui permettait à tous les étrangers, excepté aux Anglais, de se fixer en cette ville, il y attira successivement un grand nombre de ses compatriotes *nouveaux chrétiens*, lesquels obtinrent du roi Henri II des lettres-patentes données à Saint-Germain-en-Laye, au mois d'août 1550, par lesquelles il leur fut permis, sous le nom de *marchands et autres Portugais appelés nouveaux chrétiens*, d'habiter et résider avec leurs femmes, enfans et serviteurs, dans toute l'étendue du royaume de France, et d'y faire librement le commerce, avec la faculté d'acquérir toutes sortes de biens meubles et immeubles, de recueillir toutes espèces de successions et de donations, et de disposer de leurs biens par actes de dernières volontés, ou entre-vifs. Il fut aussi permis à leurs héritiers de recueillir leurs successions comme s'ils eussent été natifs du royaume; on leur accorda pareillement tous les priviléges, franchises et libertés, dont jouissaient les propres sujets du roi.

Ces lettres-patentes furent enregistrées au parlement de Paris le 22 décembre 1550, à la charge que les héritiers des impétrans en faveur desquels ils disposeraient de leurs biens seraient des personnes régnicoles.

Elles furent confirmées par Henri III, dans d'autres lettres données à Lyon le 11 novembre 1574, et enregistrées au parlement de Bordeaux le 19 avril 1580, conjointement avec celles de 1550, qui jusqu'alors ne l'avaient point encore été dans cette cour.

Louis XIV donna à Paris, au mois de décembre 1656, de nouvelles lettres-patentes, enregistrées au parlement de Bordeaux le 26 mai 1658, et qui concernent particulièrement les Portugais établis dans le gouvernement de Bayonne, dont il sera parlé plus bas.

Il est remarquable que, dans tous ces actes, les Juifs cachés en Guienne ne sont désignés que sous la qualification de *marchands espagnols et portugais*. En effet, ils professaient d'abord extérieurement le christianisme, et ils faisaient baptiser leurs enfans, sans que le gouvernement, qui ne pouvait ignorer quelle était leur véritable religion, songeât à les inquiéter.

Peu à peu ils se relâchèrent à cet égard, ce qui scandalisa le peuple de Bordeaux ; mais un arrêt du parlement de cette ville, du 17 mars 1574, défendit à toute personne de molester les Espagnols et Portugais qui y étaient fixés. Dans les lettres-patentes de novembre de la même année, ils ne sont plus qualifiés de *nouveaux chrétiens*, mais simplement d'*Espagnols et Portugais*.

Ce fut vers 1686 qu'ils cessèrent, à Bordeaux, de faire baptiser leurs enfans, et vers 1705 qu'ils discontinuèrent de se marier devant les curés catholiques. Les premières années du dix-huitième siècle furent pareillement l'époque où ils professèrent ouvertement le judaïsme, et où ils eurent en cette ville des synagogues publiques, dont la principale a été inaugurée en 1710. C'est depuis 1720 qu'ils y ont un cimetière particulier.

De nouvelles lettres-patentes de Louis XV, données à Meudon au mois de juin 1723, et enregistrées au parlement de Bordeaux le 11 septembre suivant, ayant confirmé et maintenu les Portugais de cette ville dans leurs priviléges, ce fut dans cet acte que, pour la première fois, le gouvernement les reconnut légalement pour être de religion israélite, et leur donna officiellement la qualification de *Juifs*.

Ces lettres leur furent accordées moyennant le paiement d'une somme de 110,000 livres à titre de droit de joyeux avènement.

Ils obtinrent encore de Louis XVI une nouvelle confirmation de leurs priviléges par des lettres-patentes de juin 1776, enregistrées au parlement de Bordeaux le 8 mars 1777, et dont le préambule est conçu en termes très-honorables pour eux.

Ils avaient six synagogues à Bordeaux ; leur communauté était régie par un syndic et deux adjoints renouvelés annuellement, et par un conseil composé de tous les anciens syndics. Ils avaient pour leur police intérieure des réglemens rédigés par eux, et approuvés par le roi le 14 décembre 1760, et le 13 mai 1763.

Un arrêt du conseil, du 15 juillet 1728, rendu en faveur des Juifs portugais de Bordeaux, défendit aux supérieurs des couvens et communautés religieuses des deux sexes de recevoir, sous prétexte de religion, les enfans de ces Juifs avant l'âge de douze ans.

Les Israélites possédaient à Bordeaux une boucherie exclusivement pour leur usage particulier.

Indépendamment de ceux qui se sont fixés à Bordeaux, un assez grand nombre de Juifs espagnols et portugais étaient aussi venus s'établir, au commencement du seizième siècle, au Saint-Esprit, à Peyrehorade, Biarits, Saint-Jean-de-Luz, Bidache, la Bastide de Clairence, Vieux-Boucaut. Ils étaient protégés dans ce pays par la maison de Gramont, qui y était très-puissante.

En 1597, le parlement de Bordeaux ayant expulsé de cette ville tous les Portugais qui n'y avaient pas dix ans de domicile, ils se retirèrent à Peyrehorade, Bidache et Bayonne.

Actuellement ils sont concentrés au Saint-Esprit, petite ville située vis-à-vis de Bayonne, de l'autre côté de l'Adour, et qui en est en quelque sorte un faubourg, quoique formant une municipalité particulière et dépendant d'un autre département (celui des Landes).

Il n'y en a plus, ou presque plus, dans les autres lieux qu'on vient de nommer; ce n'est que depuis la révolution que quelques Juifs du Saint-Esprit se sont fixés dans la ville même de Bayonne : auparavant, cela leur était défendu.

Ils avaient été expulsés de cette ville par des lettres-patentes de Henri IV, de janvier 1602.

Les priviléges accordés aux Juifs portugais de Bordeaux étaient communs, depuis 1574, à ceux du Saint-Esprit, et furent spécialement renouvelés en leur faveur en 1656. Cependant ces derniers formaient, sous le rapport de leur administration économique intérieure, une communauté distincte, régie par trois syndics, un trésorier et treize notables. Ils avaient deux synagogues au Saint-Esprit.

Il existe aussi quelques Juifs de race espagnole et portugaise à Marseille, où ils étaient déjà établis avant la révolution. Les lettres-patentes de juin 1776, dont on vient de parler, furent enregistrées au parlement d'Aix le 12 février 1788.

On trouve encore un certain nombre de Juifs portugais à Paris; mais avant la révolution ils ne formaient pas de communauté particulière, et n'avaient pas de culte légalement autorisé. Il paraît qu'ils résident de préférence dans le quartier de la rue du Cimetière-Saint-André-des-Arcs, où, avant 1806, ils avaient une synagogue, qui existe encore actuellement. Depuis 1780 ils avaient un cimetière particulier à la Villette, hors la barrière Saint-Martin, ce qui n'a plus lieu à présent.

Les Juifs avignonais sont ceux qui étaient établis avant la révolution dans le Comtat Venaissin et la ville d'Avignon, où ils étaient fixés depuis le douzième siècle, et jouissaient de divers priviléges accordés par les anciens souverains, et confirmés par les papes.

Il paraît qu'une partie des Juifs d'Espagne, bannis de leur patrie à la fin du quinzième siècle, vint aussi se réfugier dans ce pays et se joindre à ceux qui y étaient déjà fixés.

Les Juifs de Provence ayant été expulsés de ce pays par le roi Louis XII en 1501, une partie d'entre eux passa pareillement dans le Comtat.

Dans les derniers tems, lorsque les Espagnols se rendirent maîtres de Minorque en 1782, les Juifs qui étaient établis à Port-Mahon se retirèrent à Avignon.

Pie V ayant, par sa bulle du 20 février 1569, expulsé les Juifs de ses Etats, à l'exception des seules villes de Rome et d'Ancône, Clément VIII, par une autre bulle du 2 juillet 1593, ajouta à ces deux villes celle d'Avignon, où ils se sont toujours maintenus depuis. Ils y étaient considérés comme régnicoles, et pouvaient y acquérir des biens-fonds.

Les Juifs du Comtat Venaissin (province qui formait, sous le rapport politique, un Etat distinct de la ville d'Avignon, quoique soumis au même souverain, et dont la capitale était Carpentras) furent compris, sur la demande des Etats du pays, dans la bulle d'expulsion dont on vient de parler; mais ils obtinrent d'abord un délai de deux ans pour recouvrer les sommes qui leur étaient dues, et ce sursis fut ensuite prolongé, de telle manière que, d'abord en le faisant renouveler de tems en tems, et ensuite à l'abri d'une tolérance tacite, ils ont continué de résider dans ce pays jusqu'à la révolution, sans que leur bannissement ait jamais été légalement révoqué.

Cet état de choses les avait déterminés à placer, de préférence, leurs capitaux en Languedoc et en Provence, où beaucoup d'entre eux s'étaient fixés, et où leur nombre s'est encore accru depuis la révolution, tandis qu'il a diminué dans le Comtat.

Les Juifs du Comtat ne pouvaient acquérir dans ce pays aucuns immeubles autres que les maisons qu'ils habitaient. Ils étaient assujettis à porter un chapeau jaune orangé, et leurs femmes un ruban de la même couleur sur leur coiffe. D'après un règlement du recteur du Comtat, du 8 novembre 1624, ils ne pouvaient résider que dans les villes de Carpentras, Cavaillon et Lisle. Ils n'étaient soumis ni à la milice, ni aux redevances que payaient les autres citoyens. Ils vivaient suivant leurs lois et coutumes, nommaient leurs administrateurs, et faisaient, sous l'approbation de l'autorité locale, tous leurs règlemens de police intérieure. Les chefs de leur communauté étaient appelés *Baylons*.

Il existait dans la principauté d'Orange quelques Juifs qui jouissaient de priviléges accordés par les anciens souverains de ce petit pays. Louis XIV les en fit sortir en 1703. Ils y furent rétablis vers 1719 par la protection du prince de Conti, mais définitivement expulsés par un arrêt du conseil du 19 avril 1732. On y en comptait alors vingt et une familles. Quelques Juifs y sont revenus depuis la révolution.

Les Juifs établis au Pont-Saint-Esprit, à Nîmes, Montpellier, Béziers, Carcassonne, Toulouse, Pesenas, Aix, etc., sont, pour la plupart de race avignonaise.

Il en est de même pour une partie de ceux de Marseille, quoiqu'il s'en trouve aussi dans cette dernière ville qui sont originaires d'Espagne, d'Italie, de Barbarie, etc.

Il se trouve aussi des Juifs avignonais établis à Bordeaux. Ce fut vers 1734 qu'ils commencèrent à s'y faire voir ; mais ils éveillèrent contre eux la jalousie des marchands chrétiens, qui obtinrent, le 21 janvier 1734, un arrêt du conseil d'Etat par lequel il fut enjoint à ces Juifs de quitter la ville de Bordeaux, avec défense d'y revenir et de s'y fixer.

Les Juifs portugais se montrèrent peu favorables à ces nouveaux venus, et ne cherchèrent pas à les soutenir, malgré l'identité de religion. Quelques Avignonais spécialement protégés restèrent cependant à Bordeaux en vertu d'une tolérance tacite, et obtinrent, en 1749, 1750 et 1753, des brevets particuliers d'exception. Six de ces familles avignonaises obtinrent ensuite des lettres-patentes de Louis XV, données à Versailles en mai 1759, par lesquelles il leur fut permis, ainsi qu'à leur postérité à perpétuité, de résider librement à Bordeaux, moyennant le paiement d'une somme de 60,000 liv., et d'y jouir des mêmes priviléges et franchises que les Juifs portugais, auxquels ils furent assimilés. Ces lettres furent confirmées par Louis XVI, en 1780. Trois autres familles avignonaises obtinrent, postérieurement, la même faveur en 1775, et une dixième en 1776. Ces Avignonais ainsi patentés à Bordeaux y formaient une communauté distincte de celle des Portugais, et ils y avaient une synagogue particulière.

En 1761, le maréchal de Richelieu, gouverneur de la province, expulsa de Bordeaux un assez grand nombre d'Avignonais non autorisés à y séjourner.

Depuis la révolution, quelques Juifs avignonais (en très-petit nombre) sont venus s'établir au Saint-Esprit, au milieu de leurs coreligionnaires de race espagnole ou portugaise.

Il existe encore des Juifs avignonais à Paris,

mais ils y sont très-peu nombreux. Ils y étaient déjà établis avant la révolution, et demeuraient presque tous dans l'enclos de l'Abbaye-Saint-Germain-des-Prés, à cause des franchises dont jouissait ce local, et qui leur permettaient de se livrer au commerce de soierie et de mercerie, sans être molestés par les corps de marchands de Paris, qui refusaient de leur accorder des lettres de maîtrise. Ces derniers avaient même fait rendre, le 7 février 1777, un arrêt du conseil d'Etat qui interdisait ce commerce dans la ville de Paris aux Juifs avignonais, passé le terme de deux ans. Ces Avignonais n'avaient point, à l'époque de 1806, de synagogue ni de cimetière particulier à Paris.

Les Juifs avignonais cherchent, en général, à se faire passer pour Espagnols ou Portugais, ces derniers jouissant d'une plus grande considération dans l'opinion. Il est, en effet, présumable que les aïeux d'une partie d'entre eux ont primitivement passé d'Espagne dans la Provence ou le Comtat.

Les Juifs allemands sont établis depuis plusieurs siècles dans l'Alsace, la Lorraine et les Trois Évêchés. On comprend aussi sous ce nom ceux de la même race qui sont venus d'Allemagne, de Pologne ou de Hollande, se fixer en France.

Les Juifs ayant été totalement chassés de l'Alsace au commencement du quinzième siècle, rentrèrent dans la Basse-Alsace en 1421, en vertu d'une permission de Louis, comte palatin du Rhin, *landvogt* d'Alsace, et furent rétablis dans la Haute-Alsace, en 1446, par des lettres-patentes d'Albert, archiduc d'Autriche, confirmées ensuite par d'autres lettres de l'empereur Charles-Quint de l'an 1530.

Le 25 janvier 1574, la régence archiducale, séante à Ensisheim, en conséquence des ordres qui lui furent transmis par l'archiduc Ferdinand, pour lors régnant, rendit une ordonnance par laquelle elle enjoignit à tous les Juifs d'évacuer la province. Ils n'y reparurent ensuite que vers l'an 1630, époque de la guerre des Suédois, depuis laquelle ils s'y sont toujours maintenus.

Les Juifs d'Alsace ne jouissaient pas avant la révolution du droit de cité ; mais Louis XIV, par des lettres-patentes du 21 mai 1681, leur rendit communs les priviléges dont jouissaient ceux de Metz. Leur condition, dans cette province, avait été définitivement réglée par des lettres-patentes du 10 juillet 1784, enregistrées au conseil souverain d'Alsace le 26 avril 1785. Ils ne pouvaient légalement posséder dans cette province d'autres propriétés foncières que des maisons d'habitation. Il leur était cependant d'abord permis d'acheter d'autres biens-fonds, à la charge de les revendre dans l'année ; mais les lettres-patentes de 1784 le leur interdirent expressément. Ils pouvaient fréquenter les foires et marchés, et avaient la faculté de se livrer librement au brocantage, au prêt d'argent, à la banque, et à toute sorte de commerce en gros et en détail.

Ils jouissaient de la pleine liberté de leur culte, et avaient de grands rabbins institués par l'autorité supérieure, lesquels jugeaient même les contestations civiles qu'ils avaient entre eux, à la charge de l'appel aux tribunaux, et, en dernier ressort, au conseil d'Alsace. Cependant les Juifs demandeurs pouvaient aussi porter immédiatement devant les tribunaux ordinaires leurs réclamations, même contre leurs coreligionnaires. Les sentences des grands rabbins étaient exécutoires en vertu d'un *exequatur* ou *pareatis* délivré par le juge ordinaire.

Les seigneurs des grands fiefs qui relevaient jadis immédiatement de l'empire germanique s'étaient maintenus en Alsace dans la faculté de recevoir les Juifs, de les congédier, et de les soumettre à telles conditions qu'ils jugeaient à propos.

C'est dans cette position que se trouvaient particulièrement l'évêque de Strasbourg (pour ses possessions), et le landgrave de Hesse-Darmstadt (pour le comté de Hanau-Lichtemberg).

Ces princes étaient autorisés, le premier par des lettres-patentes du roi, de septembre 1682, confirmées en mai 1723, et le second par de semblables lettres, d'avril 1701, à percevoir de chaque famille juive 12 écus ou 36 liv. pour la première permission de se fixer dans leurs terres, et pareille somme chaque année à titre de droit d'habitation.

La noblesse immédiate de la Basse-Alsace jouissait aussi de ces droits, et son directoire, séant à Strasbourg, levait les mêmes taxes sur les Juifs établis dans les terres des gentilshommes immatriculés dans ce corps. Il avait été maintenu dans cette possession par les lettres-patentes de mai 1779, confirmatives de tous les priviléges de cette noblesse.

L'usage avait fixé au même taux les rétributions que percevaient les autres seigneurs immédiats de la Basse-Alsace non munis de lettres-patentes particulières.

Les Juifs qui résidaient dans les dix villes libres ci-devant impériales de la préfecture de Haguenau, étaient munis de permissions délivrées par les magistrats de ces villes, par le commandant de la province, ou par le grand bailli de Haguenau.

Le droit de protection que payaient les Juifs de Haguenau au grand bailli avait été fixé à 10 florins, ou 20 liv., par une transaction du 6 mars 1742, confirmée par des lettres-patentes du 16 du même mois.

Depuis la fin du quatorzième siècle, les Juifs n'étaient point soufferts dans la ville de Strasbourg, quoiqu'il en existât cependant beaucoup dans les villages voisins dépendant de son territoire. Ils ne pouvaient faire aucun commerce dans cette ville ; il payaient un droit par tête en entrant et en sortant ; il leur était défendu d'y coucher une nuit sans autorisation, et sans payer une nouvelle taxe de 3 liv. par jour.

En 1775, le sieur Cerf Berr fut autorisé à se fixer à Strasbourg avec sa famille, et la même faveur fut successivement accordée à d'autres de ses coreligionnaires ; en sorte qu'en 1789 il existait déjà quelques Juifs en cette ville, où leur nombre s'est considérablement accru depuis.

Les péages corporels avilissans dont on vient de parler ont été abolis par un édit de janvier 1784.

Dans la Haute-Alsace, qui, avant le traité de Westphalie, était soumise à la domination directe de la maison d'Autriche, le droit de recevoir les Juifs n'appartenait légalement qu'au roi, comme étant aux droits des anciens landgraves. Il percevait, à ce titre, un droit de protection de 10 florins et demi, ou 21 liv., par famille.

Les veuves ne payaient que 8 liv. 15 sous, tant pour elles que pour leurs enfans non mariés, et étaient exemptes en cas d'indigence.

Cependant les seigneurs particuliers des villages, ou les officiers municipaux des villes, tiraient aussi un droit d'habitation de 10 florins ou 20 liv. Plusieurs seigneurs particuliers s'y étaient même attribué le pouvoir de recevoir des Juifs dans leurs terres ; mais le conseil souverain d'Alsace les empêchait d'en admettre un nombre trop considérable, et les lettres-patentes de 1784 le leur interdirent expressément.

Indépendamment de ces charges particulières, les Juifs supportaient aussi individuellement leur contingent dans les impositions générales de la province ou particulières des communes.

Ils étaient exempts du logement des gens de guerre.

Nulle part en Alsace les seigneurs particuliers ne pouvaient, de leur chef, établir des Juifs dans leurs terres, et aucun Juif ne pouvait se fixer dans un lieu sans l'agrément du seigneur ou du magistrat, même dans le cas où ce Juif y aurait pris naissance, et où son père y aurait été domicilié : le consentement même du seigneur ne suffisait pas s'il n'y avait jamais eu auparavant d'Israélite.

Les seigneurs ne pouvaient congédier les Juifs reçus par eux, et qui, après avoir payé leur réception, acquittaient exactement le droit annuel d'habitation, sinon pour mauvaise conduite constatée par les juges des lieux.

Les Juifs d'Alsace ne pouvaient témoigner en justice criminelle contre les Chrétiens, ni leur céder leurs créances litigieuses.

Les lettres-patentes de 1784 défendirent aux Juifs d'Alsace de l'un et de l'autre sexe de contracter aucun mariage, sinon avec la permission du gouvernement, sans laquelle les rabbins ne pouvaient le célébrer sous peine de 3,000 liv. d'amende la première fois, et d'expulsion en cas de récidive. Leurs rabbins remplissaient les fonctions de notaires pour la rédaction de leurs contrats de mariage; mais ces contrats devaient être déposés chez un notaire pour emporter hypothèque.

Les rabbins ne pouvaient apposer les scellés, et faire les inventaires après décès que dans le cas où il ne se trouvait aucun Chrétien intéressé à la succession.

Les lettres-patentes de 1784 avaient autorisé les Juifs à prendre des terres à ferme, et à établir des fabriques, à condition de les exploiter eux-mêmes.

Il leur était défendu de tenir des cabarets, ni d'avoir des domestiques chrétiens. Cependant ils pouvaient, les jours de sabbat, se faire aider par des Chrétiens de bonne volonté pour les travaux intérieurs de leurs ménages, qui, par leur loi, leur étaient interdits ces jours-là. Ils ne pouvaient loger sous le même toit avec les Chrétiens, ni être reçus dans les communautés d'arts et métiers. Ils prêtaient serment en justice, suivant les rites particuliers de leur religion, en présence de leurs rabbins ou des préposés délégués à cet effet par ces derniers, et d'après un formulaire adopté par le conseil d'Alsace.

Les Juifs d'Alsace étaient tenus de s'abstenir de tout travail les jours de dimanches et de fêtes des Chrétiens.

Il leur était défendu de se servir de caractères hébraïques dans les actes qu'ils passaient avec les Chrétiens, et pour lesquels ils devaient employer l'idiome du pays.

Les Juifs étaient autorisés à tuer eux-mêmes dans les boucheries les bestiaux nécessaires à leur consommation.

Les enfans naturels nés d'un commerce illégitime entre des individus juifs devaient être élevés dans la religion catholique, parce qu'on les considérait comme appartenant à l'Etat, et cela même dans le cas où leurs parens les légitimeraient ensuite par un mariage subséquent.

La famille Cerf Berr avait été pleinement naturalisée, et autorisée à acquérir des immeubles, et à s'établir dans toute l'étendue du royaume, par des lettres-patentes du 5 avril 1775.

On comptait en Alsace, à l'époque de 1806, cent soixante-treize synagogues, dont cent vingt dans le Bas-Rhin, et cinquante-trois dans le Haut-Rhin.

Les Juifs d'Alsace avaient, pour leurs affaires communes, des syndics élus par eux sous l'autorité de l'intendant; ce dernier rendait exécutoires les rôles de répartition dressés par les syndics des impositions royales de leurs coreligionnaires, et des sommes qu'ils étaient dans le cas de s'imposer pour les frais du culte, le soulagement des pauvres, etc.

Les communautés particulières avaient aussi leurs préposés locaux.

Il était défendu aux notaires de passer des obligations au profit des Juifs, sinon sur deniers réels, nombrés et délivrés en leur présence, ce dont ils devaient faire mention. Les billets et promesses sous signature privée devaient être entièrement écrits de la main des débiteurs, ou rédigés et signés en présence de deux préposés de la communauté.

Les lettres-patentes du 6 novembre 1778, du 7 avril 1779 et du 27 mai 1780, avaient attribué au conseil souverain d'Alsace la connaissance de toutes inscriptions de faux formées par les Juifs contre leurs débiteurs chrétiens, ou de toutes plaintes d'usure de la part des individus de la classe du peuple contre des créanciers israélites, avec faculté d'accorder des délais à ces Chrétiens non commerçans.

Un décret de l'assemblée nationale, du 28 septembre 1791, sanctionné le 13 novembre suivant, ordonna que, dans le délai d'un mois, il serait fourni par les Juifs de la ci-devant Alsace des états détaillés de leurs créances sur les Chrétiens non commerçans, et que les directoires des districts, et ceux des départemens du Haut et du Bas-Rhin, donneraient au corps législatif leur avis sur le meilleur mode à suivre pour en opérer la liquidation.

Il y a eu, très-anciennement, des Juifs établis à Metz, mais ils y furent souvent inquiétés et persécutés. Presque tous ceux qui y existaient à l'époque de la révolution descendaient de quatre familles auxquelles le maréchal de la Vieuville, gouverneur de cette ville, permit de s'y établir le 6 août 1567, moyennant une somme de 200 écus comptant, et une redevance annuelle de 200 francs messins pour prix de cette tolérance. Cette permission de séjour fut renouvelée en faveur de leurs descendans le 2 janvier 1603 par un autre gouverneur de Metz (le duc d'Epernon). Leur nombre s'est successivement accru depuis.

Henri IV, par deux déclarations du 24 mars 1603 et du 18 octobre 1605, les autorisa définitivement à se fixer à Metz. Ce fut alors qu'ils ouvrirent une synagogue et se nommèrent un rabbin.

Leurs priviléges furent confirmés par des lettres-patentes de Louis XIII, du 24 janvier 1632, enregistrées au parlement de Metz le 3 mai 1635; et de Louis XIV, du 25 septembre 1657 : ces dernières leur permirent de faire commerce de toutes sortes de marchandises.

Il y avait aussi quelques familles venues postérieurement du Palatinat.

Un arrêt du conseil du 9 juillet 1718 permit aux Juifs de continuer à séjourner à Metz. Des lettres-patentes du 17 mai 1777 confirmèrent encore les priviléges des Juifs de Metz.

Le roi percevait sur eux, tant dans la ville que dans la généralité de Metz, un droit d'habitation et de protection, lequel, par des lettres-patentes du 31 décembre 1715, fut cédé pour trente ans au duc de Brancas. Cette cession fut renouvelée pour trente autres années le 15 décembre 1742, et encore pour un pareil terme le 1er mai 1750. En sorte qu'elle aurait expiré en 1805.

Cette redevance avait d'abord été fixée pour chaque famille déjà domiciliée à Metz ou dans le pays messin, ou qui viendrait s'y établir par la suite, à 40 liv. par an (dans les lettres-patentes qui l'avaient concédée à la maison de Brancas). Mais la communauté des Juifs de Metz, ayant réclamé, parvint à faire réduire, par les lettres-patentes du 9 juillet 1718, cette charge à un abonnement de 20,000 liv. à supporter par tous les Juifs de la généralité de Metz.

Ils donnaient aussi à Metz par an 450 liv. à l'hôpital de Saint-Nicolas, 175 liv. à la ville, et 200 liv. au vicaire de la paroisse.

On voit qu'ils payaient fort cher la tolérance

dont ils jouissaient; aussi leur communauté a-t-elle laissé des dettes considérables depuis sa dissolution en 1791.

Ils avaient huit syndics élus tous les trois ans, et les Juifs de Metz participaient seuls à cette élection, à l'exclusion de ceux du plat pays, quoique ces derniers fissent partie de la communauté.

Ils ne pouvaient posséder d'autres immeubles que leurs maisons.

Ils présentèrent, le 2 mars 1743, au parlement de Metz le cahier de leurs coutumes, lequel fut enregistré en vertu d'une déclaration du roi, du 20 août 1742. Ces coutumes ont été imprimées en 1786.

Il leur était permis d'avoir des boucheries particulières pour la nourriture de leurs familles.

Les filles ou veuves juives de Metz et du pays messin ne pouvaient se marier à des Israélites étrangers.

A Metz, les Juifs étaient renfermés, depuis le commencement du dix-septième siècle, dans un quartier particulier dit de Saint-Féron. Depuis la révolution, ils peuvent indifféremment se loger dans toute la ville, mais très-peu d'entre eux ont usé de cette faculté.

Ils ne pouvaient, les jours de dimanches et fêtes, aller dans la ville, ni travailler, sinon dans un cas de nécessité urgente.

Un arrêt de 1703 les avait assujettis à porter

des chapeaux jaunes. Depuis, leur costume fut ainsi réglé, tel qu'ils l'ont porté jusqu'en 1791 : chapeau sans forme, petit manteau noir, rabat blanc, et longue barbe.

Ils élisaient un grand rabbin, qu'ils faisaient ordinairement venir de loin, et qui devait être confirmé par le roi. Il jugeait les différends qu'ils avaient entre eux.

Ils ne pouvaient être reçus dans les communautés d'arts et métiers ; ils ne pouvaient être que prêteurs sur gages, brocanteurs, fripiers, marchands de chevaux et de bestiaux, etc.

Ils pouvaient cependant faire le commerce des marchandises neuves venant de l'étranger, mais comme marchands forains, c'est-à-dire en magasins et sans boutiques ouvertes.

Les Israélites de Metz sont généralement, parmi ceux de race allemande établis en France, les plus recommandables par leurs lumières et leur moralité.

On ne trouve pas que les Juifs aient eu d'existence légale en Lorraine avant le commencement du dix-huitième siècle. Il reste même, au contraire, d'anciennes ordonnances des ducs de ce pays, des années 1523, 1539, 1545 et 1626, par lesquelles ils défendirent sévèrement l'exercice de toute religion autre que le catholicisme. Il paraît que les Juifs ont reflué de l'Alsace et du pays messin dans la Lorraine, et qu'ils n'ont commencé à s'établir d'une manière fixe dans ce dernier pays qu'à l'époque où il fut occupé militairement par Louis XIV (de 1670 à 1698). La Lorraine ayant été rendue au duc Léopold par le traité de Riswyck, en 1698, ce prince y trouva des Israélites sur lesquels son attention se porta.

Le 5 juin 1698, un arrêt de la cour souveraine de Lorraine interdit toute autre religion que la catholique dans les Etats du duc.

Une ordonnance du 13 août 1698 accorda un répit de trois ans aux débiteurs des Juifs, mais elle fut révoquée le 20 juin 1699.

Un arrêt de la cour souveraine, du 5 août 1700, enjoignit à tous les Juifs de sortir du pays dans le délai de trois mois; mais il paraît qu'il ne fut pas exécuté, car on voit qu'il y avait encore des Israélites postérieurement en 1715, 1717 et 1720.

Le 17 septembre 1717, un autre arrêt défendit tout exercice public de leur culte à ceux qui demeuraient à Nancy.

Une ordonnance du duc, du 12 avril 1721, motivée sur le grand nombre de familles juives qui venaient journellement s'établir en Lorraine, enjoignit à tous les Juifs qui n'étaient pas domiciliés dans ses Etats depuis le 1er janvier 1680 de sortir du pays dans un délai de quatre mois, lequel fut ensuite prorogé de deux mois.

Une déclaration interprétative, du 20 octobre 1721, permit ensuite à soixante-treize Juifs, chefs de familles établis avant 1680, et à leurs enfans, de continuer à résider dans les Etats de Lorraine. Tous les autres durent évacuer définitivement le pays. Il fut permis à ceux qui restaient de se livrer au commerce, d'exercer librement leur religion, et de tenir leur synagogue dans une de leurs maisons. Il fut en même tems réglé qu'ils dépendraient tous, non d'une synagogue étrangère, mais de la synagogue principale de Boulay, à laquelle le duc nomma un chef auquel ils durent tous obéir. On voit par l'état nominatif joint à cette pièce que leurs principaux établissemens étaient dès-lors à Nancy, Boulay, Morhange et Lixheim.

Le 29 décembre 1733, un autre arrêt du conseil d'Etat permit à ces mêmes familles de continuer à résider en Lorraine.

Le roi Stanislas, par un édit du 20 janvier 1739, plaça les Juifs de Lorraine sous la juridiction du grand rabbin de Metz, quoiqu'ils formassent une communauté à part pour leur administration économique.

Un arrêt du conseil d'Etat, du 26 janvier 1753, promulgua un réglement pour la communauté des Juifs de Lorraine, leur donna trois syndics résidant à Nancy, et fixa le nombre de ceux qui pourraient habiter en chaque lieu; il y en avait alors cent quatre-vingts familles.

Leurs coutumes, rédigées en 1739, dans une assemblée générale des Juifs tenue à Morhange, n'étaient point légalement reconnues, ni enregistrées au parlement de Nancy. Elles ne faisaient règle que pour leurs rabbins, par lesquels ils pouvaient faire juger leurs différends entre eux.

En Lorraine, les Juifs ne pouvaient demeurer dans la même maison que des Chrétiens : un arrêt du conseil d'Etat, du 11 juin 1726, les avait astreints, dans toutes les villes, et tous les bourgs et villages où leur séjour était autorisé, à résider dans des quartiers particuliers, en les obligeant à se défaire des maisons qu'ils possédaient ailleurs.

Les Juifs étaient imposés à une contribution à part dont ils faisaient entre eux la répartition, et qui se montait à 14,300 liv., argent de Lorraine, ou 11,070 liv. 19 s. 6 d., argent de France.

La jurisprudence des parlemens de Metz et de Nancy, à l'égard des Juifs, était en général, la même que celle du conseil souverain d'Alsace. Cependant ils étaient traités avec plus de douceur en Lorraine que dans les deux autres provinces.

Suivant les usages des Juifs allemands des provinces d'Alsace, Trois-Evêchés et Lorraine, l'âge de majorité était fixé à treize ans, pour les affaires qu'ils avaient entre eux. Les filles n'avaient dans les successions directes qu'une part moitié moindre que celle des garçons : à degré égal de parenté, les mâles excluaient les femelles dans les autres successions. Un mari héritait du bien de sa femme, lorsque celle-ci décédait après trois ans de mariage.

Avant la révolution, les Juifs n'étaient point admis à se fixer dans le duché de Bar.

Il existe quelques Juifs allemands à Bourbonne-les-Bains (Haute-Marne) ; et c'est encore à la même race qu'appartiennent, pour la plupart, ceux qui sont établis dans diverses villes, telles que Lyon, Dijon, Besançon, Fontainebleau, Versailles, Rouen, Lille.

Dès avant la révolution, il existait des Juifs allemands à Bordeaux, où ils se firent voir vers le même tems que les Avignonais, et où ils furent tourmentés en 1734 comme ces derniers. Ils n'y jouissaient pas du droit de cité, et étaient sous la surveillance de l'assemblée de la communauté portugaise. Ils y avaient une synagogue, mais point de cimetière particulier. Ils sont, pour la plupart, originaires d'Alsace ou du pays messin.

Depuis la révolution, il s'est aussi établi quelques Juifs allemands à Marseille, mais il ne paraît pas qu'il y en eût auparavant.

Enfin, ce sont ceux de cette race qui forment la plus forte masse de la population juive de Paris (au moins les trois quarts).

Avant la révolution, ils étaient sous l'inspection de la police, et ne pouvaient résider à Paris sans une permission de séjour, qui était renouvelée tous les trois mois.

A l'époque de 1806, ils y avaient cinq synagogues ou temples, savoir :

1°. Rue Sainte-Avoye (actuellement la synagogue consistoriale) ;

2°. Rue du Chaume ;

3°. Rue des Petits-Champs-Saint-Martin ;

4°. Rue des Vieilles-Etuves-Saint-Martin ;

5°. Rue Simon-Lefranc.

Les deux premières sont les seules qui subsistent encore actuellement. On a le projet de construire, rue Neuve-Saint-Laurent, une nouvelle synagogue plus grande et plus belle.

Leur cimetière était à Montrouge, village sur la route d'Orléans ; mais on a assigné aux Juifs de Paris, depuis quelques années, un enclos particulier au cimetière du P. Lachaise, et ce local est commun à tous les Israélites de la capitale, tant allemands que portugais ou avignonais.

Les Juifs allemands habitent, pour la plupart, au Marais, dans les rues Sainte-Avoye, Quincampoix, Beaubourg, Bourg-l'Abbé, et autres voisines. Ils ont, dans ce quartier, quelques bouchers de leur religion.

On ne peut dire, d'après un recensement rigoureux, combien il existe en France d'individus de chacune des trois races dont on vient de parler ; mais on croit pouvoir calculer, approximativement, que sur les 50,000 Juifs qu'on estime y résider, il y a environ

4,000 espagnols ou portugais,
2,500 avignonais,
43,500 allemands.

50,000

En 1806 on comptait à Paris environ 200 portugais, 100 avignonais et 2,400 allemands. Actuellement (en 1821) il existe dans cette capitale 6 à 7,000 Juifs, dont 4 à 500 portugais et avignonais, le surplus allemands.

En 1806 il existait à Bordeaux 2,131 Juifs, dont 1,651 espagnols ou portugais, 144 avignonais, et 336 allemands.

Les Juifs espagnols et portugais passaient généralement avant la révolution pour ceux qui avaient atteint un plus haut degré de civilisation et dont la moralité était la plus recommandable.

Cependant des personnes à portée d'être bien instruites croient que depuis trente ans les Juifs allemands, surtout ceux de Metz, ont fait, à proportion, plus de progrès que les portugais, quoique ceux-ci fussent plus avancés dans l'origine.

Les Israélites de Bordeaux et du Saint-Esprit sont, en général, négocians, armateurs, banquiers, agens de change, courtiers de commerce, marchands de draps, de toiles, de soieries, de quincailleries. Avant la révolution, les armateurs les plus riches d'entre eux se livraient surtout au commerce de Guinée, des Antilles, d'Espagne et de Portugal.

Les avignonais sont, pour la plupart, fabricans d'étoffes et de couvertures de laine, ouvriers en soieries, marchands de draperies ou d'étoffes de soie, fripiers, marchands de chevaux et de mulets, colporteurs ambulans, etc.

Les allemands sont, en majorité, marchands de merceries, colporteurs ambulans, brocanteurs, marchands de chevaux et de bestiaux, fripiers, bouchers, marchands de cuirs, commissionnaires, etc. Ceux qui exercent des professions industrielles semblent, en général, préférer celles de tanneur, corroyeur, gantier, cordonnier, bottier, fabricant de tabac, de savon, d'amidon.

Il se trouve des usuriers parmi ces deux dernières races; mais on ne peut pas dire que les individus professant la religion de Moïse soient plus particulièrement adonnés à l'usure que d'autres classes de citoyens, puisqu'il s'élève de vives plaintes contre les progrès de ce mal, même dans des départemens où il n'existe pas un seul Israélite. C'est en général, dans les pays de petite culture et de montagnes, du centre et du midi de la France (dans lesquels est usitée l'exploitation des terres par métayers ou colons partiaires), qu'il se fait le plus vivement sentir.

QUESTIONS.

5°. *Ont-ils un sanhédrin central en France, et ne reconnaissent-ils aucun chef étranger ?*

RÉPONSES.

5°. Avant la révolution, les Juifs d'Alsace avaient cinq grands rabbins indépendans entre eux ; savoir :

Un à Haguenau, nommé par le roi (pour les villes et territoires de Haguenau, Landau, Weissembourg, Fort-Louis et Lauterbourg) ;

Un à Mutzig, nommé par le prince-évêque de Strasbourg (pour les terres de son évêché) ;

Un à Bouxweiller, nommé par le landgrave de Hesse-Darmstadt (pour le comté de Hanau Lichtemberg) ;

Un à Nieder-Ehnheim, nommé par le directoire de la noblesse immédiate (pour les terres de cette noblesse) ;

Un à Ribauvilliers, nommé par le roi (pour tout le reste de l'Alsace).

La ville de Strasbourg avait aussi le droit (reconnu par un arrêt du conseil d'Etat, du 19 août 1739) de nommer un grand rabbin pour les Juifs de son territoire, mais il paraît qu'elle n'en faisait pas usage.

Il existait aussi des préposés ou rabbins subalternes en quelques autres lieux, comme à Mutzig, Rosheim et Strasbourg.

Il y avait encore un grand rabbin à Metz pour les Juifs de la Lorraine et des Trois-Evêchés.

Un autre à Bordeaux, pour la communauté de cette ville, et aussi (à ce qu'il paraît) pour celle du Saint-Esprit.

Il ne paraît pas qu'il y en eût à Avignon. On croit que les affaires religieuses des Juifs avignonais se terminaient à Rome.

L'organisation actuelle du culte israélite a été déterminée par les décrets des 17 mars et 11 décembre 1808, et par l'ordonnance du roi, du 29 juin 1819, d'après les bases arrêtées dans l'assemblée des députés juifs le 10 décembre 1806, et approuvées par le gouvernement

Il existe en France, sous l'autorité du ministère de l'intérieur (auquel celui des cultes a été réuni), un consistoire central séant à Paris, composé de cinq membres, dont trois grands rabbins et deux membres laïques (actuellement il y a une place vacante de grand rabbin); et sept synagogues consistoriales dans les départemens, composées chacune d'un grand rabbin, de quatre membres laïques, et de vingt-cinq notables; savoir:

Une à Paris, pour les départemens de l'Aisne, de l'Allier, de l'Aube, du Calvados, du Cher, des Côtes-du-Nord, de la Côte-d'Or, de l'Eure, d'Eure-et-Loir, du Finistère, d'Ille-et-Villaine, de l'Indre, d'Indre-et-Loire, de Loir-et-Cher, de la Loire-Inférieure, du Loiret, de Maine-et-Loire, de la Manche, de la Marne, de la Mayenne, du Morbihan, de la Nièvre, du Nord, de l'Oise, de l'Orne, du Pas-de-Calais, de la Sarthe, de la Seine, de la Seine-Inférieure, de Seine-et-Marne, de Seine-et-Oise, de la Somme, de l'Yonne ;

Une à Strasbourg, pour le département du Bas-Rhin ;

Une à Wintzenheim, pour les départemens de l'Ain, du Jura, du Haut-Rhin, de la Haute-Saône, de Saône-et-Loire ;

Une à Metz, pour les départemens des Ardennes, de la Moselle ;

Une à Nancy, pour les départemens du Doubs, de la Haute-Marne, de la Meurthe, de la Meuse, des Vosges ;

Une à Bordeaux, pour les départemens de l'Ariège, de l'Aude, de l'Aveyron, du Cantal, de la Charente, de la Charente-Inférieure, de la Corrèze, de la Creuse, de la Dordogne, de la Haute-Garonne, du Gers, de la Gironde, des Landes, du Lot, de Lot-et-Garonne, du Puy-de-Dôme, des Pyrénées (Basses-), des Pyrénées (Hautes-), des Pyrénées-Orientales, des Deux-Sèvres, du Tarn, de Tarn-et-Garonne, de la Vendée, de la Vienne, de la Vienne (Haute-) ;

Une à Marseille, pour les départemens des

Alpes (Basses-), des Alpes (Hautes-), de l'Ardèche, des Bouches-du-Rhône, de la Corse, de la Drôme, du Gard, de l'Hérault, de l'Isère, de la Loire, de la Loire (Haute-), de la Lozère, du Rhône, du Var, de Vaucluse.

On voit qu'il y a en tout neuf grands rabbins, et que l'on a compris dans la circonscription des divers consistoires, non-seulement les départemens où il existe actuellement des Israélites, mais encore où il ne s'en trouve point, mais dans lesquels il leur est libre de se fixer.

Avant 1814, il existait aussi des synagogues consistoriales dans les pays qui avaient été réunis à la France. Elles étaient placées dans les villes de Mayence, Trèves, Bonn, Crevelt, Turin, Casal, Florence, Livourne, Rome, Amsterdam, Roterdam, Zwoll, Leeuwarden, Embden et Hambourg.

Alors le nombre total de ces synagogues était de vingt-deux.

Les membres des consistoires doivent être âgés de trente ans, et n'être ni en état de faillite, ni entachés d'usure. Leurs fonctions consistent à maintenir l'ordre dans l'intérieur des synagogues, à régler la perception et l'emploi des sommes destinées aux frais du culte mosaïque, etc.

Les rabbins membres du consistoire central ont 6,000 fr. de traitement, et les grands rabbins des synagogues consistoriales 3,000 fr.

Chaque année, il sort un membre laïque du

consistoire central de Paris; mais il est toujours rééligible par ses collègues, sauf l'approbation du roi : la première fois, tous les membres ont été nommés par le gouvernement.

Les membres laïques des consistoires particuliers sont élus par les vingt-cinq notables, sous l'approbation du gouvernement.

Les notables sont nommés par le ministre de l'intérieur, sur la présentation du consistoire central et l'avis des préfets.

QUESTIONS.

6°. *Quels droits ont-ils en France?*

RÉPONSES.

6°. Le roi Charles VI ayant chassé les Juifs de France, par ses lettres-patentes données à Paris le 17 septembre 1394, leur expulsion fut maintenue depuis par ses successeurs, notamment par Louis XIII, lequel, dans des lettres-patentes du 23 avril 1615, enregistrées au parlement de Paris le 18 mai suivant, enjoignit à tous ceux qui se trouvaient en France de sortir du royaume dans le délai d'un mois, sous peine de la vie et de confiscation des biens.

Ainsi, avant la révolution les Juifs n'avaient point d'existence légale, à l'exception :

1°. De ceux des Trois-Evêchés, de l'Alsace, de la Lorraine, provinces dont la réunion définitive à la couronne est d'une date postérieure à ces lettres de Louis XIII ;

2°. Des Juifs espagnols et portugais établis en France dès l'an 1550 sous le nom de *nouveaux chrétiens*, mais dont le gouvernement n'a légalement reconnu la véritable religion qu'en 1723 ;

3°. De ceux d'Avignon et du Comtat, qui étaient soumis à la domination du pape.

Les espagnols et les portugais jouissaient, sans difficulté, de tous les droits de cité à l'instar des autres sujets de l'Etat, et pouvaient se fixer dans tout le royaume, ou du moins dans le ressort des divers parlemens où leurs priviléges avaient été enregistrés. Ayant été naturalisés en corps de nation, tous les Juifs de cette race nés en France, en Espagne, ou en Portugal, étaient admis à participer à leurs priviléges. Quant à ceux qui, ayant pris naissance ailleurs, se prétendaient d'origine espagnole ou portugaise, ils devaient prouver authentiquement que leurs ancêtres étaient en effet sortis d'Espagne ou de Portugal.

En 1789, la communauté portugaise de Bordeaux choisit dans son sein quatre électeurs (MM. Furtado aîné, Azevedo, David Gradis, et Lope Dubec), lesquels participèrent aux opérations de l'assemblée du tiers-état de la sénéchaussée de Bordeaux, et à la nomination des députés aux états-généraux (appelés ensuite assemblée nationale constituante).

Les avignonais naturalisés à Bordeaux étaient assimilés aux portugais.

Les autres Juifs avignonais, et les Juifs allemands n'étaient pas considérés comme citoyens, mais seulement comme tolérés. On a expliqué plus haut quelle était leur condition.

Les Juifs qui résidaient à Paris, ou qui s'y rendaient momentanément pour leurs affaires, étaient assujettis à une surveillance particulière de la part du lieutenant-général de police, lequel avait sous ses ordres un inspecteur de police spécialement chargé de ce service. Chacune des trois classes de Juifs (portugais, avignonais et allemands) avait un syndic qui inscrivait sur un registre les noms, âge, profession et signalement de ceux qui venaient à Paris, lesquels devaient être munis d'un passeport délivré par l'intendant de la province où ils résidaient. L'inspecteur leur délivrait, en échange de ce passeport, un permis de séjour qui était renouvelé tous les trois mois. Cependant les Juifs naturalisés par lettres-patentes pouvaient résider librement à Paris, sous la surveillance directe du lieutenant de police.

Les mariages des Juifs entre eux étaient considérés par les tribunaux (du moins par le parlement de Paris) comme indissolubles, même dans le cas où l'un des conjoints avait embrassé le christianisme, et où l'autre refusait de suivre son exemple.

Le parlement de Paris reconnut, en 1777, pour valable la nomination faite à une cure par un Juif propriétaire d'une terre seigneuriale, en vertu de son droit comme seigneur.

Les Juifs non naturalisés ne pouvaient être reçus dans les communautés d'arts et métiers.

Les enfans des Juifs n'étaient point admis à abjurer leur religion avant l'âge de douze ans.

Un édit de janvier 1784 affranchit les Juifs, dans toute l'étendue du royaume, des droits de péages corporels, travers ou coutumes auxquels ils étaient assujettis en certaines provinces.

Le ministre Malesherbes, ayant conçu un plan pour leur affranchissement, avait appelé auprès de lui (vers 1785), pour l'aider de leurs lumières, MM. David Gradis et Furtado, de Bordeaux; Cerf Berr de Strasbourg; Berr Isaac Berr, de Nancy.

L'édit de novembre 1787, enregistré au parlement de Paris le 29 janvier 1788, concernant les non catholiques, quoique rendu principalement dans l'intérêt des Protestans, renfermait aussi quelques dispositions applicables aux Juifs.

Cet édit autorisa les non catholiques à se livrer librement au commerce, aux arts, métiers et professions mécaniques, en les excluant des charges de judicature et de l'enseignement public, et leur enjoignit de se conformer aux règlemens de police sur l'observation des dimanches et fêtes; il leur indiqua la manière dont ils pourraient contracter mariage devant les officiers de justice des lieux, et faire dresser par eux les actes de naissance et de décès dont ils auraient besoin. Cet édit maintint, au surplus, les concessions particulières faites dans certaines provinces du royaume aux non catholiques.

Le 1er octobre 1789, l'assemblée constituante décida que, dans une séance particulière, elle s'occuperait de l'état des Juifs en France.

Le 24 décembre 1789, un décret de cette assemblée, sanctionné et revêtu de lettres-patentes dans le cours du même mois, accorda aux non catholiques le droit d'éligibilité et l'aptitude à tous les emplois civils et militaires, en se réservant de statuer sur l'état des Juifs.

Un autre décret, du 28 janvier 1790, sanctionné, et revêtu de lettres-patentes du roi dans le cours du même mois, maintint les Juifs portugais, espagnols et avignonais, dans les droits dont ils avaient jusqu'alors joui, et qui leur avaient été accordés par lettres-patentes, et ordonna qu'ils seraient, en conséquence, considérés comme citoyens actifs, pourvu qu'ils réunissent d'ailleurs les conditions requises par les lois.

Un autre décret, du 16 avril 1790, sanctionné par une proclamation du roi le 18 avril, mit les Juifs d'Alsace et des autres provinces du royaume sous la sauve-garde de la loi.

Un autre, du 20 juillet 1790, sanctionné le 7 août, et revêtu des lettres-patentes, supprima toutes les redevances perçues sur les Juifs à titre de droit d'habitation, protection et tolérance, sous quelque dénomination que ce fût, soit au profit du trésor public, soit à celui des villes, communautés, ou particuliers.

Un autre décret, du 27 septembre 1791, sanctionné par le roi le 13 novembre suivant, révoqua, généralement, toutes les réserves et exceptions insérées à l'égard des Juifs dans les lois antérieures, et prononça que tous ceux qui réunissaient les conditions prescrites par la constitution pour être citoyens français, jouiraient de tous les droits et avantages attachés à cette qualité.

C'est en vertu de ce dernier décret qu'ont été naturalisés les Juifs de race allemande nés et domiciliés en France, et que se sont dissoutes les communautés particulières qu'ils formaient (1).

Depuis ce tems, les Israélites ont été légalement assimilés aux autres citoyens jusqu'au 30 mai 1806, époque où Napoléon, sur les plaintes qui lui avaient été portées relativement aux usures exercées par les Juifs des départemens voisins du Rhin, rendit un décret portant sursis à l'exécu-

---

(1) Les diverses communautés israélites ont laissé des dettes dont la liquidation a été l'objet de plusieurs décrets et actes du gouvernement.

tion des jugemens et contrats consentis en leur faveur par les cultivateurs non négocians de ces pays.

Il convoqua en même tems une assemblée de députés juifs choisis par les préfets parmi ceux qui résidaient dans leurs départemens respectifs.

Cette convocation fut suivie de celle du grand-sanhédrin qui s'ouvrit le 4 février 1807, et donna, le 9 mars suivant, une déclaration qui lui avait été demandée sur les opinions religieuses et politiques des Juifs, et sur le prêt à intérêt.

Un décret du 17 mars 1808 leva le sursis qu'avait prononcé celui du 30 mai 1806, mais il annula de plein droit tout engagement qui serait contracté à l'avenir pour prêt fait par des Juifs à des mineurs sans l'autorisation de leurs tuteurs, à des femmes sans celle de leurs maris, à des militaires sans celle de leurs supérieurs. (Il a été décidé par la cour de cassation que cette disposition ne devait point avoir d'effet rétroactif.)

L'art. 4 du même décret régla en même tems qu'aucune lettre de change, aucun billet à ordre, aucune obligation ou promesse, souscrit antérieurement par un individu non négociant au profit d'un Juif, ne pourrait être exigé sans que le porteur prouvât que la valeur en avait été fournie entière et sans fraude.

Les tribunaux furent autorisés en même tems à réduire à cinq pour cent les intérêts qui excéderaient ce taux, et à déclarer usuraires et nulles les créances dont l'intérêt excéderait dix pour cent.

On astreignit encore les Juifs à prendre, pour pouvoir se livrer au commerce, des patentes délivrées par les préfets sur des certificats de conseils municipaux des communes et du consistoire de la synagogue, lesquelles patentes devaient être renouvelées tous les ans, et pouvaient être révoquées en cas d'usure ou de trafic frauduleux.

Il fut défendu à tous les Juifs qui n'étaient pas encore domiciliés dans les départemens du Haut et du Bas-Rhin (Alsace) de s'y fixer désormais. Ceux qui ne résidaient pas déjà dans les autres départemens ne purent s'y établir qu'en faisant l'acquisition d'une propriété rurale, et en se livrant à l'agriculture.

Les Juifs furent encore astreints à servir personnellement dans les armées sans pouvoir fournir de remplaçans.

Les Juifs des départemens de la Gironde et des Landes furent exemptés des dispositions de ce décret, exemption qui fut ensuite étendue à ceux des départemens des Basses-Pyrénées, de l'Aude, des Bouches-du-Rhône, du Gard, de la Haute-Garonne, de l'Hérault, de Seine-et-Oise, et des Vosges, ainsi qu'à ceux de Paris : on accorda encore la même faveur aux Israélites du Piémont, de Nice, de Gènes et de Livourne.

Ce décret, renfermant des mesures extraordinaires, ne fut rendu que pour avoir son exécution pendant dix ans seulement. Ce terme étant expiré le 17 mars 1818, les Israélites sont depuis cette époque rentrés dans le droit commun.

L'exécution de l'article 4 du décret dont nous venons de parler ayant donné lieu à beaucoup de difficultés et à une grande diversité de jurisprudence dans les différens tribunaux, il est résulté des arrêts des cours d'appel et de la cour de cassation rendus sur cette matière :

1°. Que la disposition de cet article ne devait point s'appliquer aux créances dont les titres avaient été reconnus en justice et suivis de condamnations passées en force de *chose jugée* antérieurement à la promulgation du décret ;

2°. Que cet article était applicable non-seulement aux actes sous seing privé, mais encore aux transactions entre parties et aux actes notariés, à moins cependant que, dans ces derniers, il ne fût dit formellement que la somme prêtée avait été comptée, nombrée, et délivrée en espèces sonnantes en présence du notaire et des témoins ;

3°. Que le débiteur pouvait seul réclamer le bénéfice de cet article, et que ses autres créanciers n'y étaient pas recevables lorsqu'il s'agissait d'une collocation de créances ;

4°. Que le débiteur pouvait réclamer l'application de cet article en prenant l'initiative et en faisant actionner son créancier juif devant les tribunaux ;

5°. Qu'un commerçant ne pouvait opposer à un Juif l'exception d'usure présumée, quand même la créance de ce dernier ne provenait pas d'un fait de commerce ;

6°. Que les aubergistes et les percepteurs des contributions publiques devaient, sous ce rapport, être considérés comme commerçans, mais non pas les simples artisans ;

7°. Que les non commerçans pouvaient invoquer les dispositions du décret, quand même une lettre de change ou un billet originairement souscrits au profit d'un Juif seraient devenus la propriété d'un Chrétien ;

8°. Que si, de deux débiteurs solidaires d'un Juif, l'un était commerçant et l'autre non, ils pouvaient tous deux invoquer les dispositions du décret ;

9°. Que les Juifs étrangers étaient compris dans les dispositions du décret, aussi bien que ceux de France, même pour les lettres de change souscrites à leur profit par des Français en pays étranger.

Dans l'état actuel des choses, les Juifs jouissent en France, conformément à l'article 5 de la charte constitutionnelle, des mêmes droits civils et politiques que les autres citoyens ; cependant les frais de leur culte n'étant point acquittés par le trésor public, ils y pourvoient par le moyen d'une contribution particulière dont les consistoires des synagogues supérieures font sur eux la répartition, et dressent un rôle que les préfets rendent exécutoire.

Ces fonds servent aussi à pourvoir aux traitemens des rabbins et des membres laïques de ces consistoires.

Le recouvrement de ces fonds est fait par les receveurs-généraux des départemens, lesquels les versent ensuite dans la caisse de chaque consistoire.

Les rabbins ne peuvent donner la bénédiction nuptiale qu'à ceux qui justifient avoir déjà contracté mariage devant l'officier de l'état civil (c'est-à-dire le maire ou l'adjoint de la municipalité).

Les Israélites pouvaient user du divorce, comme tous les citoyens, sous l'empire de la loi du 20 septembre 1792 qui l'avait établi, mais ils n'ont plus cette faculté depuis la loi du 8 mai 1816 qui a aboli le divorce.

Un décret du 20 juillet 1808 a obligé tous les Juifs de prendre des noms de famille et des prénoms fixes.

La législation actuellement en vigueur ne s'est pas expliquée sur la manière dont ils doivent prêter serment en justice, mais il paraît résulter de la jurisprudence adoptée à cet égard par les tribunaux :

1°. Que les Israélites ont l'option ou de prêter

serment suivant les rites particuliers de leur religion, ou bien purement et simplement suivant les formes prescrites par la loi civile à tous les citoyens, et qui ne contrarient aucune opinion religieuse :

2°. Que néanmoins, lorsque le serment décisoire leur est déféré par la partie adverse, ou que les juges le leur défèrent d'office, ou lorsqu'ils paraissent comme témoins dans une enquête, la partie adverse (soit juive, soit chrétienne) peut demander qu'ils soient astreints à le prêter solennellement, *more hebraïco*, ce qu'il est dans le pouvoir discrétionnaire des juges d'accorder, s'ils le croient à propos.

Dans ce dernier cas, le Juif qui doit prêter serment le fait à la synagogue consistoriale sur le *coscher sepher torah* (c'est-à-dire sur le rouleau où se trouve écrite la loi de Moïse), entre les mains du grand rabbin, et en présence de dix témoins mâles professant la religion juive, et âgés au moins de treize ans, ainsi que d'un juge-commissaire délégué par ses confrères pour être présent à cette cérémonie, et en dresser procès-verbal.

Les Juifs sont astreints, de même que tous les autres citoyens, à l'observation des lois et règlemens de police concernant la clôture des boutiques et la suspension des travaux extérieurs les jours de dimanches et fêtes.

Mais il paraît que l'on doit conclure des décisions rendues par la cour de cassation que les non catholiques (parmi lesquels les Israélites se trouvent compris) ne sont point tenus de tapisser le devant de leurs maisons les jours de grande procession du culte catholique, mais seulement de souffrir que l'autorité municipale fasse tendre elle-même à ses propres frais.

Cet état de choses est aussi celui qui était en vigueur à l'égard des protestans, antérieurement à la révocation de l'édit de Nantes, en vertu du quatrième des articles arrêtés aux conférences de Fleix, près Nérac, le 26 novembre 1580, et confirmés par l'édit de Henri III, du 26 décembre suivant.

Les Juifs nés hors de France ne sont assujettis qu'aux mêmes conditions et formalités que les autres étrangers pour acquérir la qualité de Français.

QUESTIONS.

7°. *Y en a-t-il dans les colonies françaises? y sont-ils depuis long-tems, et comment y sont-ils vus et traités?*

RÉPONSES.

7°. Vers le milieu du dix-septième siècle, il s'était établi des Juifs à la Martinique. Il y a lieu de présumer qu'ils y étaient venus du Brésil, car il paraît qu'il s'était fixé des Israélites dans ce dernier pays, lorsque les Hollandais s'en rendirent maîtres en partie (vers 1630), et qu'ils en furent expulsés ensuite, lorsque les Portugais en reprirent possession entière (vers 1654).

On voit qu'ils se livraient au commerce à la Martinique en 1658, 1664, 1669 et 1671.

Un ordre du roi, daté de Versailles le 30 septembre 1683, et enregistré au conseil de la Martinique le 2 mai 1684, expulsa dans le délai d'un mois les Juifs établis dans les colonies.

L'édit de mars 1685, dit le *Code noir*, ordonna l'exécution dans les colonies de l'édit de Louis XIII, du 23 avril 1615, et enjoignit à tous les Juifs qui étaient établis aux îles d'en sortir dans le délai de trois mois.

Il y en avait aussi en ce tems à Cayenne.

Il paraît que ces Juifs expulsés allèrent grossir la congrégation de Surinam, où ils se sont toujours maintenus depuis (1).

Il y en a eu aussi à la Louisiane, mais ils en furent expulsés en 1724 par un édit qui ne leur donna que trois mois pour quitter le pays.

Dans les derniers tems, plusieurs Juifs portu-

---

(1) On sait qu'il y en a à Surinam, à Curaçao, à la Barbade, à la Jamaïque, et dans diverses villes des Etats-Unis, telles que Newport, New-York, Philadelphie, Charlestown, Savannah.

Suivant des documens officiels, présentés en 1815 au parlement d'Angleterre, il y avait alors à Surinam 824 Juifs portugais et 563 allemands. Total, 1,387, de tout âge et de tout sexe.

gais de Bordeaux avaient formé des établissemens à Saint-Domingue, où ils étaient négocians, armateurs et planteurs. MM. Raba, de Bordeaux, avaient une grande maison de commerce au Cap Français.

Le conseil supérieur du Cap avait enregistré, en 1782, les lettres-patentes de 1776, en faveur des Juifs portugais.

On ignore s'ils se sont maintenus dans cette île, au milieu des désastres auxquels elle a été en proie.

Dans l'état actuel des choses, on n'a pas connaissance qu'il se trouve de Juifs dans les diverses colonies dont la France a recouvré la possession.

QUESTIONS.

8°. *En France, où les rabbins font-ils leurs études? Leurs écoles dépendent-elles de l'Université?*

RÉPONSES.

8°. Jusqu'à présent, on n'a point fondé d'école spéciale pour l'éducation des jeunes Israélites qui se destinent à être rabbins; ils sont libres de faire leurs études où bon leur semble.

Les Israélites répugnent à envoyer leurs enfans aux écoles primaires tenues par des Chrétiens, parce qu'on y enseigne les dogmes de la religion chrétienne; ce qui a déterminé les consistoires à former pour les jeunes Juifs des écoles primaires particulières dans les lieux où ils sont les plus nombreux.

Elles sont jusqu'à présent, au nombre de douze, placées à Paris, Marseille, Bordeaux, Nancy, Metz, Thionville, Sarguemines, Strasbourg, Haguenau, Bergheim, Sierentz et Ribauvilliers.

On a adopté avec succès, dans ces différentes écoles, la méthode de l'enseignement mutuel.

Celle de Metz a été établie la première, et est entretenue, au moyen des fonds accordés par le gouvernement, par le conseil municipal de la ville et par le consistoire départemental, ainsi qu'à l'aide des souscriptions volontaires des principaux Israélites et des rétributions qu'acquittent ceux des élèves dont les familles peuvent supporter cette dépense. On y compte environ quatre-vingts élèves, auxquels on enseigne les principes de la religion juive, la lecture et l'écriture françaises et hébraïques, les élémens de la grammaire de ces deux langues, l'arithmétique et le dessin linéaire, avec des notions d'histoire et de géographie.

Il s'est aussi formé à Metz, suivant le même système, une école pour les jeunes filles israélites, dont la direction a été donnée à Mlle Anspach.

L'école de Paris a été établie par le consistoire local de cette ville, et est administrée par un comité de neuf membres. On y compte une centaine d'élèves dont l'instruction, confiée à M. Drach, agrégé de l'Université, jeune rabbin instruit et zélé, est dirigée suivant la même méthode, et embrasse les mêmes objets.

Celle de Bordeaux, qui compte environ soixante-dix élèves, est due aux soins d'un comité de dames israélites de cette ville.

Celles de Nancy et de Strasbourg sont pareillement en pleine activité.

M. Elie Halevy, de Paris, a fait imprimer à Metz, en 1820, un petit ouvrage pour les écoles israélites, intitulé : *Instruction morale et religieuse à l'usage de la jeunesse israélite.* C'est un recueil, en français et en hébreu, des différens passages de l'Ancien Testament qui renferment les préceptes moraux et cérémoniels de la religion juive, accompagnés d'explications.

Les divers consistoires locaux se sont appliqués avec beaucoup de zèle, depuis quelques années, à répandre la connaissance de la langue française parmi les Juifs allemands, dont la plupart ne parlaient qu'un mauvais jargon mêlé d'allemand et d'hébreu.

On ne compte, jusqu'à présent, qu'un petit nombre d'élèves israélites dans les lycées et dans les différentes écoles spéciales de services publics entretenues par le gouvernement. Il y a lieu de penser qu'un moyen efficace d'exciter les Juifs aisés à y placer leurs enfans serait d'assurer aux grands rabbins la surveillance libre et sans obstacle de l'instruction religieuse de ces jeunes gens.

QUESTIONS.

9°. *Sous Napoléon, combien y en avait-il en Belgique, en Hollande, dans les départemens anséatiques, dans ceux du Rhin, de Savoie, du Piémont, de Gènes, de Parme, de Toscane, de Rome, ainsi que dans le royaume d'Italie et celui de Naples?*

RÉPONSES.

9°. Les renseignemens recueillis dans les années 1808 à 1812 donnent les résultats suivans :

BELGIQUE.

Dyle	56	
Escaut	56	
Jemmapes	20	
Lys.	3	
Meuse-Inférieure. .	490	(dont 200 à Mastricht.)
Deux-Nèthes	49	
Ourthe.	90	
Sambre-et-Meuse. .	2	
Forêts	75	
TOTAL. . . .	841	

Le principal établissement des Juifs dans ce pays est à Mastricht; il n'y en avait que quatre ou cinq familles avant la révolution; mais leur nombre s'y est accru sous la domination française. Ils avaient, en 1806, un rabbin à Mastricht et deux synagogues, l'une dans la même ville et l'autre à Heerlen. Il y a aussi quelques Juifs à Liége et à Luxembourg. Il paraît qu'ils n'y sont venus que depuis la révolution, de Metz et Thionville.

HOLLANDE.

Zuyderzée	24,395	(dont 19,572 à Amsterdam.)
Bouch.-de-la-Meuse.	5,716	(dont 2,249 à Roterdam.)
Bouches-de-l'Escaut.	249	
Bouches-du-Rhin . .	1,194	
Bouches-de-l'Yssel .	1,736	(dont 382 à Zwoll.)
Yssel-Supérieur. . .	1,773	(dont 156 à Arnheim.)
Frise	1,045	(dont 632 à Leeuwarden.)
Ems-Occidental. . .	1,531	
Deux-Nèthes, arrondissem[t] de Breda. .	245	(dont 36 à Breda.)
TOTAL. . . .	37,884	

On distingue en Hollande les Juifs portugais et les Juifs allemands.

Les premiers se trouvent presque tous à Amsterdam, Roterdam, la Haye, Naarden et Maarssen (province d'Utrecht).

Les seconds sont disséminés dans tout le pays, où ils ont une centaine de synagogues dans les principales villes et bourgs.

En 1812, on comptait à Amsterdam 2,572 Juifs

portugais et 17,000 Juifs allemands ; total, 19,572 de tout âge et de tout sexe (1).

Le quartier où résident les Juifs d'Amsterdam est comme une ville à part, qui a ses temples, ses marchés, sa boucherie.

A la même époque, il y avait à Roterdam 2,249 Juifs en tout, dont environ 50 à 60 portugais ; à la Haye, 132 Juifs portugais, et 2,300 allemands ; total, 2,432.

On estime approximativement qu'il y a en tout en Hollande environ 3,500 Juifs portugais ; le surplus étant de race allemande et originaire d'Allemagne, d'Alsace et de Pologne.

A Amsterdam, les portugais sont en général négocians, banquiers, agens de change, courtiers. Il y a parmi les allemands beaucoup de colporteurs, poissonniers, marchands d'herbes, brouettiers, fruitiers, fripiers, petits marchands, savetiers, vendeurs de billets de loterie.

---

(1) Le dénombrement d'Amsterdam, fait, maison par maison, en octobre 1795, avait donné 20,052 Juifs sur 212,190 habitans.

En 1798, les syndics des deux communautés déclarèrent ainsi leur nombre :

	20,504	allemands.
	2,800	portugais.
TOTAL. . .	23,104	

Mais alors ils cherchèrent à exagérer pour se donner plus d'importance.

La taille des diamans y occupe aussi plusieurs centaines d'ouvriers juifs ; et comme ce travail est fort rude, ce sont les plus pauvres qui s'y livrent. Cependant les maîtres lapidaires se louent beaucoup de leur probité.

Les Juifs espagnols et portugais se firent d'abord voir à Amsterdam vers 1589, et leur nombre s'y est accru en 1598 et en 1602 ; mais ce ne fut qu'en 1612 qu'on leur accorda l'entière liberté de leur culte. Ils y eurent d'abord deux synagogues qui se brouillèrent entre elles. Un tiers parti fonda une troisième synagogue en 1618. Cette espèce de schisme cessa en 1638, et les trois congrégations réunies, ayant joint ensemble leurs propriétés, formèrent alors une académie à laquelle on donna le nom de *talmud torah* (étude de la loi).

En 1643, on fonda de nouvelles écoles et de nouvelles synagogues.

L'organisation de la communauté portugaise, encore en vigueur en 1812, remontait à l'an 1638, comme on vient de le dire. Elle avait sept syndics, dont un trésorier chargé du culte et des secours aux pauvres, un grand rabbin appelé *haham*, deux assesseurs, deux chantres, etc.

Les syndics, appelés *parnassim*, étaient renouvelés par moitié tous les six mois. Le trésorier, appelé *gabay*, restait un an en place.

Les portugais ont une superbe synagogue centrale, commencée en 1671, achevée et consacrée en 1675. Leur cimetière est au village d'Ouderkerke.

Les registres de la communauté allemande d'Amsterdam ne remontent pas au delà de l'an 1640; mais on sait cependant qu'il y avait déjà auparavant des Juifs de cette race, puisqu'ils sont mentionnés dans des règlemens de police de 1632. Dès 1639 ils avaient un cimetière particulier qu'ils ont toujours conservé depuis à Muyderberg, près la porte de Muyden, entre Muyden et Naarden. Ils en ont aussi présentement un autre près de Zeeburg, dans le Diemermeer.

Il y a deux synagogues allemandes à Amsterdam.

Cette communauté fut réorganisée par un décret du roi de Hollande, du 27 décembre 1808, qui la plaça, pour l'administration, sous l'autorité de sept syndics, et, pour le culte, sous la direction d'un rabbin et de six assesseurs.

Un autre décret royal, du 12 septembre 1808, avait établi, pour toutes les communautés juives allemandes de la Hollande, un grand rabbin et un consistoire central composé de neuf membres résidant à Amsterdam et de quatre autres non résidant, dont un de Roterdam, un de la Haye, et les deux autres pris dans le reste des communautés. Ces membres étaient nommés pour trois ans.

En 1796, quelques membres de la communauté allemande ont fondé une nouvelle synagogue réformée d'environ trois cents individus; mais elle n'a pas subsisté long-tems, ayant été réunie, en 1808, au corps des Juifs allemands dont elle s'était séparée.

Le rabbin de cette communauté réformée était, en 1802, un Suédois qui avait quitté le luthéranisme pour le judaïsme.

A Roterdam, les Juifs allemands paraissent s'être établis vers 1647; ils y avaient, en 1812, deux synagogues, bâties, la principale en 1725, et l'autre en 1791. Les portugais, très-peu nombreux en cette ville, fréquentaient ces mêmes synagogues, et ne formaient pas de communauté à part.

A la Haye, les Juifs sont venus se fixer à la fin du seizième siècle. Les portugais et les allemands ne formaient anciennement qu'une seule communauté, et n'ont été séparés qu'en 1720, à cause de l'accroissement de leur population respective.

Les Juifs espagnols et portugais se livraient en Hollande au commerce de Barbarie.

Par le traité de paix et de commerce, du 30 avril 1629, avec le dey d'Alger, les Juifs de la Hollande furent assimilés aux autres habitans de ce pays pour tout ce qui concernait la navigation et le commerce; ils y sont déjà dénommés sujets de LL. HH. PP.

Les Etats de Hollande, par un décret des 12 et 17 juillet 1657, déclarèrent les Juifs, tant portugais qu'allemands, sujets de l'Etat, et jouissant, comme tels, des priviléges accordés par les puissances étrangères aux sujets de la Hollande.

Un décret de la convention nationale batave, du 2 septembre 1796, admit les Juifs à l'exercice de tous les droits de citoyens actifs s'ils réunissaient les conditions requises.

La circoncision des Juifs allemands a lieu à la synagogue, celle des portugais dans des maisons particulières. On la refuse aux enfans nés hors mariage. Chacune des deux nations a ses boucheries, dont le revenu appartient aux pauvres, et leurs membres ne peuvent acheter que là leur viande, à l'exception des langues d'animaux.

Les Juifs font venir pour la fête des Tabernacles des branches de palmier qu'ils tirent du Levant, d'Italie et d'Espagne (1). On leur apporte aussi de la Palestine (avec certificat d'origine) de la terre dont, lorsqu'un d'entre eux vient à mourir, son plus proche parent lui frotte les yeux.

Les portugais ont des hospices pour les orphelins et les vieillards des deux sexes.

Il y a à Amsterdam des écoles primaires pour les Juifs, et une école supérieure nommée *Heshaïm* (ou l'arbre de la vie), pour l'enseignement de l'hébreu et de la théologie.

---

(1) Le palmier-dattier est cultivé en grand à la Bordighera, près San Remo (Etat de Gènes), et à Elche, près Alicante (royaume de Valence).

Les Juifs portugais n'admettent point de prosélytes d'une autre nation ; si un étranger veut être admis parmi eux, il faut qu'il se fasse d'abord recevoir par les allemands.

Il était permis aux Juifs de Hollande d'épouser leurs nièces et leurs belles-sœurs (veuves de leurs frères); mais ils ne pouvaient se marier à des Chrétiennes, ni même avoir commerce avec aucune femme chrétienne, fût-elle même de mauvaise vie.

Le roi de Hollande (Louis Bonaparte) avait formé un corps militaire d'environ trois cents hommes, uniquement composé d'officiers et de soldats juifs ; mais il fut bientôt supprimé.

Les Juifs allemands d'Amsterdam n'ont jamais tenu registre des naissances de leur congrégation.

Les Juifs portugais en tenaient ; mais il paraît que l'on n'était pas toujours exact à noter les naissances des filles, ni celles des garçons morts-nés avant d'être circoncis.

Il paraît aussi que dans les autres villes on inscrivait seulement les circoncisions des garçons, sans garder aucune note des naissances des filles, ni de celles des garçons morts-nés ; et que, parmi tous les Israélites, les registres des mariages et des décès étaient généralement tenus avec plus de soin que ceux des naissances.

Les Juifs portugais d'Amsterdam, qui vivent bien et font peu d'exercice, sont sujets à la goutte et à la gravelle, maladies inconnues parmi les

Juifs allemands qui, au lieu de vin, boivent de tems en tems un peu de genièvre, mangent beaucoup de raifort et autres plantes diurétiques, et se livrent en général à des exercices violens.

DÉPARTEMENS ANSÉATIQUES.

Ems-Oriental. . . .	1,769	(dont 694 à Embden.)
Ems-Supérieur . . .	1,184	(dont 21 à Osnabruck.)
Lippe.	1,000	
Bouches-du-Weser .	1,129	(dont 63 à Bremen.)
Bouches-de-l'Elbe. .	7,092	(dont 6,299 à Hambourg.)
TOTAL. . .	12,174	

Ces renseignemens ne peuvent être considérés que comme approximatifs.

On distingue à Hambourg les Juifs portugais et les allemands. Les premiers y vinrent à la fin du seizième siècle ; les autres n'y furent admis que postérieurement.

DÉPARTEMENS DU RHIN.

Roër.	5,569	(dont 160 à Creveld.)
Rhin-et-Moselle. . .	4,324	(dont 188 à Coblentz.)
Sarre.	3,576	(dont 261 à Trèves.)
Mont-Tonnerre. . .	11,122	(dont 1,264 à Mayence.)
TOTAL. . . .	24,591	

Avant la révolution, il y avait plusieurs grands rabbins,

A Trèves, pour l'électorat de Trèves ;

A Bonn, pour celui de Cologne ;

A Heidelberg, pour le Palatinat;

A Worms, et probablement aussi dans d'autres villes.

Sous Napoléon, on avait établi des synagogues consistoriales à Creveld, Bonn, Mayence et Trèves.

SAVOIE.

Léman	80
Mont-Blanc	»

Il y a quelques Juifs établis à Carouge (où ils ont une synagogue) depuis 1786, époque où le roi de Sardaigne, ayant érigé ce lieu en ville, leur permit d'y résider et d'y exercer leur culte.

Carouge fait actuellement partie du canton de Genève (1).

PIÉMONT.

Pô	1,710	(dont 1,450 à Turin.)
Doire.	98	(presque tous à Ivrée.)
Sésia	490	(dont 350 à Verceil.)
Marengo	1,801	(dont 790 à Casal, 550 à Alexandrie.)
Stura.	904	(dont 215 à Coni.)
Alpes-Maritimes. . .	303	(tous ou presque tous à Nice.)
Montenotte (en partie)	456	(presque tous à Acqui.)
Gênes (en partie). . .	»	
TOTAL. . . .	5,762	

(1) Il se trouve aussi quelques Juifs dans le canton d'Argovie, à Langnau (où ils ont une synagogue), et à Endingen; on en comptait 1,681 en 1803.

Il n'en existe pas dans le département de l'Agogna, qui avait été annexé au royaume d'Italie.

Les Juifs des Etats du roi de Sardaigne formaient, avant la révolution, deux communautés distinctes quant à leur administration intérieure; savoir : celle du Piémont proprement dit (chef-lieu Turin), et celle du Montferrat (chef-lieu Casal).

Il paraît que chacune des deux avait aussi son grand rabbin indépendant.

Cette division fut maintenue sous Napoléon, époque où l'on forma deux synagogues consistoriales, l'une à Turin, l'autre à Casal.

Le nombre de ces Juifs n'était que de 5,627, lors d'un dénombrement effectué en 1774.

Sous l'ancienne législation piémontaise ils ne pouvaient acquérir de biens-fonds, ni être reçus dans les communautés d'arts et métiers. On leur assignait un quartier à part dans chacune des différentes villes où ils résidaient; et les propriétaires des maisons situées dans ce quartier étaient obligés de les leur louer à un taux fixe et modéré. Ils étaient assujettis à porter un ruban jaune sur leur habit, excepté lorsqu'ils étaient en voyage.

Les priviléges dont ils jouissaient étaient fondés sur les édits ou constitutions d'Amédée VIII (premier duc de Savoie) du 17 juin 1430, et de Charles-Emmanuel, du 15 octobre 1603, maintenus et confirmés depuis. Ils pouvaient exercer toutes les professions industrielles, et se livrer au prêt d'argent, pour lequel il leur était permis de percevoir jusqu'à dix-huit pour cent d'intérêts. Ils pouvaient prêter, non-seulement sur gages, mais même sur des immeubles, à la charge de revendre ces derniers s'ils leur étaient adjugés.

Ils ne pouvaient être traduits en justice pour causes civiles ou criminelles, en première instance, que devant le conservateur de leurs priviléges. Il n'y avait d'exception à cet égard que pour les délits contre la religion chrétienne.

Charles-Emmanuel avait accordé en même tems aux rabbins la faculté de connaître des différends des Juifs entre eux : ce qui fut confirmé par d'autres édits du 23 août 1626 et du 7 octobre 1666; mais le sénat de Piémont, lors de l'*intérination* (ou enregistrement) effectuée par ce corps le 23 novembre 1667, ne voulut reconnaître de juridiction aux rabbins que relativement aux cérémonies du culte. Cependant ils avaient la faculté de servir d'arbitres entre leurs coreligionnaires.

On connaissait en Piémont deux manières de faire prêter serment aux Israélites : l'une, solennelle, sur le livre de la Loi et dans la synagogue, lorsque le serment concernait l'intérêt propre du Juif qui le prêtait; l'autre, *tactis scripturis*, et la tête couverte, entre les mains du juge, lorsque les Juifs figuraient comme témoins dans une enquête.

Les Juifs pouvaient exercer librement la médecine et la chirurgie, à la charge d'avoir reçu le bonnet de docteur et d'être approuvés par le proto-médecin du roi.

Depuis que le Piémont avait été réuni à la France, un assez grand nombre de Juifs avaient acquis des propriétés foncières, ou s'étaient livrés, soit aux arts industriels, soit à la culture des terres qu'ils avaient prises à ferme.

Ce pays ayant été rendu au roi de Sardaigne, une ordonnance de 1816 a dispensé les Juifs de porter le signe particulier auquel ils étaient autrefois assujettis, mais les a astreints à continuer de résider dans des quartiers particuliers. Il leur a été en même tems permis de continuer à se livrer au commerce et à tous arts et métiers quelconques. Il leur a été accordé un délai de cinq ans pour se défaire de toutes les propriétés foncières par eux acquises sous la domination française.

Les Juifs piémontais sont, pour la plupart, négocians, courtiers de commerce, marchands de draps, de toiles, filateurs de coton, marchands de soie, fabricans d'étoffes de soie ou de coton, orfèvres, fripiers, bouchers, cordonniers, tailleurs, chapeliers, tanneurs, selliers, vernisseurs, colporteurs.

Ils sont généralement paisibles et industrieux, et jouissent d'une bonne réputation. On ne remarque pas qu'ils se livrent à l'usure plus que les autres habitans du pays.

ÉTAT DE GÈNES.

Montenotte (en partie)	»
Gènes (en partie). . .	96
Apennins.	»

Il n'y a de Juifs que dans la ville même de Gènes. Trois ou quatre sont négocians; les autres colporteurs.

ÉTATS DE PARME.

Taro.	475

Il n'était pas permis, sous l'ancien gouvernement, depuis 1567, aux Juifs de s'établir dans les villes de Parme et de Plaisance. Ils pouvaient cependant fixer leur demeure dans le reste des Etats de Parme, et cette concession était renouvelée tous les quinze ans. Le dernier renouvellement est du 26 mars 1789. Ils étaient exempts de toutes contributions ordinaires et extraordinaires et du logement des gens de guerre, moyennant une redevance annuelle de 15,000 liv., argent de Parme, ou environ 3,750 fr., argent de France, payée à la chambre ducale.

Ils n'ont commencé à s'établir à Parme qu'en 1803, sous l'administration de M. Moreau de Saint-Méry. En 1812, il y en avait 23 à Parme, mais aucun à Plaisance.

Leur grand rabbin résidait à Fiorenzuola. Ils ne pouvaient posséder des biens-fonds, mais seulement des maisons et boutiques pour leur commerce, et ce, jusqu'à la concurrence de 3,000 écus argent de Parme, 6,750 fr. argent de France.

Les Juifs de ce pays avaient été placés, par Napoléon, sous la jurisdiction du consistoire de Florence.

TOSCANE.

Arno.	1,100	(tous à Florence.)
Méditerranée	5,000	(dont 4,700 à Livourne, 300 à Pise.)
Ombrone	400	(tous à Sienne.)
Ile d'Elbe.	29	(tous à Porto-Ferrajo.)
TOTAL. . . .	6,529	

Cette évaluation n'est qu'approximative.

Les Juifs établis très-anciennement dans le territoire de la république de Florence, furent admis, en 1430, à ouvrir en cette ville des banques de prêt. Ils furent privés de cette faculté en 1495, et il leur fut enjoint de quitter le pays dans le terme d'un an; mais cet exil fut révoqué peu de mois après. Ayant ensuite été expulsés en 1527, ils furent rappelés en 1547 par le grand-duc Côme Ier.

En 1570, il fut enjoint à tous les Juifs du territoire florentin (non compris ceux des provinces de Pise et de Sienne) de venir résider à Florence, dans le *Ghetto*, ou quartier qui leur fut préparé exprès.

Il en fut de même l'année suivante pour ceux

du territoire siennois, qui durent aussi se concentrer dans le *Ghetto* de Sienne.

Les Juifs de Livourne jouissaient de grands priviléges fondés sur un édit du grand-duc Ferdinand Ier, du 10 juin 1593, et confirmés par ses successeurs le 31 juillet 1668, le 6 mai 1700, le 20 décembre 1715, et le 6 février 1748.

Ces priviléges, concédés aux Juifs de Livourne et de Pise, furent étendus, en 1639, à ceux de Florence.

Ceux de Livourne et de Pise sont en majorité de race espagnole ; leurs registres nationaux sont encore tenus en castillan, et cette langue est enseignée dans leurs écoles concurremment avec l'italien et l'hébreu. Beaucoup d'Israélites, originaires du Levant et de Barbarie, sont aussi venus successivement se fixer en cette ville; il y en a même quelques-uns d'origine allemande ou polonaise.

Ils sont tous adonnés au commerce, soit en gros, soit en détail.

Il existait à Livourne une grande synagogue desservie par douze rabbins égaux entre eux, et ne reconnaissant d'autre préséance que celle de l'ancienneté.

La communauté de Livourne était, pour son régime intérieur, sous la direction d'un conseil général de soixante membres appelés *gouvernans*, choisis par le souverain sur la proposition du gouverneur de la ville.

De ce corps étaient annuellement tirés au sort cinq membres appelés *massari*, ou syndics, lesquels formaient un tribunal devant lequel les Juifs pouvaient porter les procès civils qu'ils avaient entre eux pour y être jugés suivant leurs coutumes particulières, sans égard aux lois toscanes.

Ils avaient aussi trois censeurs choisis entre eux par le souverain, chargés du contrôle et du paiement de leurs dépenses, ainsi que de la surveillance de police à exercer sur les Juifs étrangers qui venaient à Livourne, lesquels, lorsqu'ils s'y établissaient d'une manière fixe, acquéraient la naturalisation et les droits de sujets toscans, aussitôt qu'ils avaient été ballottés et admis par les syndics et gouvernans de la nation juive de cette ville.

Les Juifs de Pise avaient de même un tribunal de trois *massari* duquel on appelait à celui des consuls de la mer.

Ceux de Florence avaient un conseil de quinze ou dix-huit personnes dont on tirait annuellement trois *massari*.

A Florence, il existe deux synagogues, l'une dite *espagnole* et l'autre *italienne ;* mais toutes distinctions d'origine parmi les Juifs de cette ville ont cessé depuis long-tems, et ils fréquentent indifféremment ces deux temples.

Les Juifs de Toscane pouvaient se livrer généralement à toute espèce de négoce, excepté l'usure et le commerce des chiffons à papier. Ils ne pouvaient d'abord être reçus dans les communautés d'arts et métiers, ni exercer toutes les branches d'industrie ; ils n'obtinrent ce droit que sous le grand-duc Léopold, de même que celui de posséder des biens-fonds et celui de parvenir aux charges judiciaires.

Ils prêtaient serment en justice *more hebraïco*, et leur témoignage était reçu en matière civile et criminelle, même contre les Chrétiens.

D'anciennes ordonnances de 1433, 1463, 1471 et 1567, assujettissaient les Juifs du territoire florentin à porter sur leurs vêtemens un morceau d'étoffe jaune taillé en rond ; mais le gouvernement a toujours accordé beaucoup d'exemptions à ceux d'entre eux qui se conduisaient bien, et il paraît que dans les derniers tems ces édits étaient tombés en désuétude.

ÉTAT ROMAIN.

Rome	3,105	(tous à Rome.)
Trasimène.	»	

Il n'y a de Juifs qu'à Rome même et à Ancône (cette dernière ville était en 1812 au royaume d'Italie); anciennement ils avaient cent quinze synagogues disséminées dans les Etats romains ; mais Pie V, par une bulle du 20 février 1569, les restreignit à ces deux seules villes, auxquelles Clément VIII ajouta Avignon, par une autre bulle du 2 juillet 1593.

L'état légal des Juifs à Rome était fondé sur les bulles des papes Martin V, du 13 février 1420, et Paul III, du 15 février 1543.

Les papes Paul IV et Pie V les avaient resserrés dans un quartier dit *il Ghetto.* Ils y ont cinq temples renfermés dans une même enceinte.

Sous la domination de Napoléon, ces Juifs avaient établi des fabriques de lainages, de cotonnades, de toiles peintes; quelques-uns d'entre eux, mais en petit nombre, s'étaient établis, hors du *Ghetto,* dans d'autres quartiers de Rome.

Il y a parmi les Juifs de Rome des négocians, des marchands, des fripiers, des tailleurs, des médecins, des chirurgiens, des courtiers, des porte-faix, des matelassiers, des chapeliers, des carrossiers, etc.

Avant la révolution, sous le gouvernement pontifical, ils ne pouvaient ni se livrer à l'industrie, ni posséder des biens-fonds. Ce dernier avantage leur avait cependant été assuré par les bulles ci-dessus mentionnées; mais il fut révoqué postérieurement.

On ne pouvait baptiser les enfans juifs au dessous de douze ans sans le consentement de leurs parens.

Le pape Grégoire XIII avait assujetti les Juifs

de Rome à entendre une fois par semaine, tous les samedis, les sermons d'un prédicateur catholique dans une chapelle destinée à cet usage. Les plus riches affectaient de ne s'y rendre que les oreilles remplies de coton.

On n'a pas de renseignemens suffisamment détaillés pour les royaumes d'Italie et de Naples.

QUESTIONS.

10°. *Ne remarque-t-on pas en France une augmentation numérique considérable de Juifs depuis cinquante ans, et n'est-elle pas en proportion plus forte qu'avant cette époque?*

RÉPONSES.

10°. Il est certain que le nombre des Juifs tend en général à s'accroître, et c'est surtout parmi ceux de race allemande que cette augmentation est remarquable; mais on manque de notions qui puissent mettre à même de juger d'une manière précise si elle est devenue plus considérable depuis un demi-siècle.

Voici les détails que l'on a pu recueillir à cet égard.

En 1689 on ne comptait dans la province d'Alsace que 587 familles juives, ce qui, en supposant cinq individus par famille, aurait fait 2,935 individus.

En 1707 on estimait leur nombre à environ 3,300 individus.

En 1716 il y en avait 1,348 familles qui, en calculant sur la même base, auraient fait 6,740 individus.

En 1750, lors d'un dénombrement général, on comptait 2,585 feux de Juifs, ce qui d'après la même donnée devait indiquer une population totale de 12,925 individus.

En 1761, époque d'un autre dénombrement, il existait dans la même province 3,045 familles juives, ce qui faisait supposer 15,225 individus.

En 1784 il fut fait par les soins du conseil souverain d'Alsace un autre recensement qui a été imprimé, et qui donna pour résultat 3,940 familles juives, faisant 19,624 individus.

En 1806, suivant les recherches faites par les préfets lors de l'assemblée des députés juifs à Paris, on comptait 25,660 individus de cette religion, dont 16,443 dans le Bas-Rhin, et 9,217 dans le Haut-Rhin.

En 1808 il y en avait 26,070, dont 16,155 dans le Bas-Rhin, et 9,915 dans le Haut-Rhin.

En 1783, suivant un tableau dressé dans les bureaux de l'intendance, le mouvement de la population des Juifs d'Alsace présenta 610 naissances, dont 284 de garçons, et 326 de filles; 425 décès, dont 220 du sexe masculin, et 205 du sexe féminin : excédant des naissances, 185.

Mais peut-être n'a-t-on pas tenu compte des

décès des enfans morts en bas âge, ce qui doit alors diminuer cet excédant.

On voit qu'il y a un nombre de naissances supérieur à celui des décès; mais cette cause n'est pas la seule à laquelle on doive attribuer l'accroissement de la population juive. Les immigrations des Juifs étrangers y ont aussi beaucoup contribué; on allait jusqu'à prétendre, en 1789, qu'un tiers des Israélites d'Alsace était né hors de France. Il en est encore venu beaucoup depuis la révolution.

On remarquera que, dans l'état de mouvement de la population mentionné ci-dessus, on trouve plus de filles que de garçons parmi les enfans nouveau-nés. Ce résultat singulier peut s'expliquer par la faible constitution des Juifs de ce pays, et par l'usage dans lequel ils sont de se marier très-jeunes; aussi sont-ils déjà vieux à cinquante ans, et on en voit rarement qui soient encore robustes à soixante (1).

Les Juifs se sont aussi multipliés à Metz; il n'y en avait que 4 familles en 1567,

8 en 1589,
24 en 1603,
58 en 1614,

(1) L'édit de juillet 1784, concernant les Juifs d'Alsace, leur avait enjoint de déclarer leurs naissances, mariages et décès devant le juge du lieu; et un double des registres tenus à cet effet devait être déposé au greffe du conseil souverain d'Alsace. Il serait intéressant d'en avoir un relevé complet année par année.

76 en 1624,
96 en 1657,
119 en 1674,
174 en 1681,
264 en 1698 (outre 32 familles venues du Palatinat),
420 en 1718,
550 en 1789,
503 en 1801,
509 en 1805.

Le nombre des individus de cette religion résidant à Metz était de 120 environ en 1603, 795 en 1684, 1,200 environ en 1698,

2,124 en 1802,
2,210 en 1805,
2,266 en 1808.

Dans la généralité de Metz, hors de cette ville, on comptait 447 familles juives en 1789, 550 en 1801.

Il a été dressé, par les soins de M. Vaublanc, pour lors préfet, un relevé des registres des Juifs de Metz, depuis et y compris 1717 jusques et y compris 1808. Cette période de quatre-vingt-douze années présente les résultats suivans :

1°. Depuis et y compris 1717 jusques et y compris 1758 (en 42 ans),

3,546 naissances, dont 1,831 de garçons,
1,715 de filles.

629 mariages.

2,804 décès, dont 1,423 du sexe masculin,
1,381 du sexe féminin.

2°. Depuis et y compris 1759 jusques et y compris 1808 (en 50 ans) :

3,506 naissances, dont 1,865 de garçons,
1,641 de filles.
774 mariages.
3,159 décès, dont 1,631 du sexe masculin,
1,528 du sexe féminin.

On ne remarque pas que parmi les Juifs de Metz il naisse plus de filles que de garçons.

Ils restent rarement dans l'état de veuvage, et se remarient fréquemment en secondes et troisièmes noces ; mais ces mariages multipliés produisent peu d'enfans, et les familles sont en général peu nombreuses (1).

Il ne paraît pas qu'à Bordeaux et au Saint-Esprit les Juifs aient tenu de registres avant les premières années du dix-huitième siècle. Ceux du Saint-Esprit ne datent que de 1726, et ont été tenus avec peu de soin.

Depuis le 1er janvier 1793 jusqu'au 30 juin 1812 il y a eu, parmi les Israélites du Saint-Esprit,

---

(1) La plupart des auteurs qui ont écrit sur les Juifs comptent cinq individus par famille ; mais il y a lieu de croire que cette évaluation est un peu trop forte. En s'occupant de la présente notice, on a trouvé par l'addition de plusieurs recensemens effectifs, faits en divers tems et en différens pays, que 8,889 familles juives ont donné 42,139 individus ; c'est à très-peu près 4 $^{11}/_{15}$ individus par famille, ou 71 individus pour 15 familles.

638 naissances, dont 316 du sexe masculin.
322 du sexe féminin.
131 mariages.
477 décès, dont 218 du sexe masculin.
259 du sexe féminin.

QUESTIONS.

11°. *Les Israélites se sont-ils distingués en France, de manière ou d'autre, à la guerre, dans l'administration et dans les sciences, pendant et avant la révolution?*

RÉPONSES.

11°. Les Juifs montraient en général, il y a quelques années, de l'aversion pour le service militaire, auquel ils n'étaient point assujettis avant la révolution. Ils n'y ont été soumis que depuis que l'exercice entier des droits de citoyen leur a été assuré.

Les jeunes soldats paraissaient peu disposés à recevoir des Israélites dans leurs rangs, et les officiers chargés de l'examen des conscrits répugnaient également à admettre ceux de cette religion.

Parmi les Juifs allemands en particulier, les jeunes gens que leur âge appelait à concourir à la conscription ont été la plupart réformés pour diverses causes.

Quant à ceux qui étaient jugés propres au service militaire, s'ils étaient pauvres leurs coreligionnaires se cotisaient presque toujours pour former un fonds avec le secours duquel ils pussent se faire remplacer par des Chrétiens.

Cet état de choses a subsisté jusqu'en 1808, époque où Napoléon décida, pour la majeure partie de la France, qu'à l'avenir les Juifs atteints par la conscription seraient astreints à faire en personne leur service, et ne pourraient plus se faire remplacer; ce qui a duré pendant dix ans.

Malgré le peu de goût qu'autrefois la plupart des Juifs avaient pour la profession des armes, un assez grand nombre d'entre eux ont servi avec honneur dans les armées françaises; plusieurs de ces militaires se sont distingués par leur bravoure et leurs talens, et ont mérité d'être promus à des grades d'officiers dans l'infanterie, la cavalerie et l'artillerie, et de recevoir la décoration de la Légion-d'Honneur.

Les officiers israélites sont aussi susceptibles d'être décorés de l'ordre du Mérite-Militaire institué par Louis XV en 1759, et confirmé par le Roi actuel en 1814, pour tenir lieu de celui de Saint-Louis à l'égard des militaires qui ne font pas profession de la religion catholique.

On n'a point de notions précises sur le nombre d'hommes que les Juifs de France ont fournis aux armées depuis 1792, ni sur celui des officiers et soldats de cette religion qui sont actuellement au service.

Plusieurs Israélites ont rempli, pendant et depuis la révolution, les fonctions de maires et d'adjoints de leurs communes, de membres des conseils municipaux, des conseils d'arrondissement et des conseils généraux de département; d'autres se sont livrés avec succès à l'étude des sciences, particulièrement à celle des mathématiques et de l'art de guérir, ayant été admis dans les lycées, à l'école polytechnique et aux écoles de médecine de Paris et de Strasbourg. Plusieurs d'entre eux ont été médecins et chirurgiens à la suite des armées.

Diverses personnes de la même religion ont formé ou maintenu des établissemens industriels importans; mais c'est surtout pour le commerce et pour les opérations de banque et de change que les Juifs montrent le plus de goût. Cette carrière était presque la seule dans laquelle ils pussent se distinguer avant la révolution.

Feu Cerf Berr, de Strasbourg, et M. Berr Isaac Berr, de Nancy (encore actuellement vivant), ont été les premiers Israélites français qui aient acquis des propriétés foncières et établi des manufactures dans lesquelles ils ont toujours cherché à employer des ouvriers pris parmi leurs coreligionnaires, pour leur donner le goût du travail.

On peut citer, parmi les Juifs qui se sont le plus

fait remarquer en France, depuis un siècle, par leur moralité et leurs talens:

Gradis, négociant à Bordeaux (mort en cette ville en 1780);

Cerf Berr, *idem* à Strasbourg (mort en cette ville en 1793);

Pereyra, de Bordeaux, interprète du Roi, membre de la société royale de Londres, qui s'est livré avec succès à l'éducation des sourds-muets;

Venture (Mardochée), auteur d'une traduction française des prières des Juifs espagnols et portugais, publiée avant la révolution;

Bing (Isaïe Berr), conseiller municipal à Metz, puis l'un des administrateurs des salines nationales, homme de lettres, particulièrement connu par la traduction française de l'élégie de *Juda Levy*, par la traduction hébraïque du *Phedon de Mendelsohn*, et par une apologie des Juifs, imprimée à Metz en 1787, en réponse à une brochure d'Aubert-Dubayet (mort à Paris en 1806);

Segre (Sauveur), grand rabbin du consistoire central (né en Piémont, mais devenu Français, mort à Paris en 1809);

Zalkind Hourwitz, interprète de la bibliothèque nationale pendant la révolution, auteur de divers ouvrages sur les langues, et d'un discours sur la régénération politique des Juifs qui partagea, avec ceux de deux autres écrivains, le prix proposé relativement à cette question, en 1787 par l'académie de Metz (né en Pologne, mais naturalisé Français, mort à Paris en 1810);

Sintzheim (David), président du grand sanhédrin en 1806, grand rabbin de Strasbourg, et ensuite du consistoire central (mort à Paris le 9 novembre 1812);

Furtado aîné (Abraham), président de l'assemblée juive de 1806, adjoint de la mairie de Bordeaux, et l'un des candidats du département de la Gironde au Corps-Législatif (mort à Bordeaux le 29 janvier 1817). Les titres littéraires et politiques de cet Israélite ont été appréciés dans un éloge qu'en a fait M. Michel Berr, et qu'il a publié très-peu de tems après la mort de M. Furtado.

Raba, consul général de Portugal à Bordeaux (mort dans cette ville il y a quelques années);

Buchenthal (Lipman Moses), de Strasbourg, poète en allemand et en hébreu (petit-fils de Sintzheim, mort à Berlin en 1819, à l'âge de trente-six ans).

Actuellement on distingue particulièrement,

1°. Entre les ministres du culte :

MM.

Cologna (Abraham), grand rabbin et président du consistoire central, précédemment assesseur du grand sanhédrin, chevalier de la Couronne de Fer, et ancien membre du collége électoral des savans du royaume d'Italie, auteur de poésies hébraïques, de discours religieux en français, et de quelques écrits sur des sujets de théologie juive (né à Mantoue, mais naturalisé Français);

Deutz (Emmanuel), grand rabbin du même consistoire (né à Coblentz, mais pareillement devenu Français);

Andrade (Abraham), grand rabbin à Bordeaux;

Goguenheim (Baruch), grand rabbin à Nancy;

Wittersheim (Samuel), grand rabbin à Metz;

Drach (David), rabbin, et professeur de l'école élémentaire de Paris; lequel a obtenu une médaille de la société pour l'instruction élémentaire de Paris, auteur d'une traduction des prières hébraïques dont il sera parlé ci-après, et du premier almanach israélite en français; etc.

2°. Entre les savans et les hommes de lettres:

MM.

Berr (Michel), de Nancy, avocat et homme de lettres, auteur de divers ouvrages et de beaucoup d'articles dans nos principaux journaux et ouvrages périodiques sur des sujets de littérature, d'histoire et de morale; membre de différentes sociétés savantes nationales et étrangères, traducteur au ministère de l'intérieur, ci-devant professeur de littérature allemande à l'Athénée de Paris, et secrétaire du grand sanhédrin de 1806 (fils de

M. Berr Isaac Berr et gendre de feu Isaïe Berr Bing) ;

Enshcim, de Metz, philologue et habile mathématicien, auteur d'un *Essai sur l'Algèbre*, et résidant actuellement à Bayonne ;

Halevy (Elie), auteur de poésies hébraïques ;

Halevy (Léon), jeune étudiant en droit, qui a eu de grands succès à l'Université, et a déjà publié quelques poésies et un roman ; il s'occupe d'une nouvelle traduction en vers d'Horace (fils du précédent) ;

Terquem, de Metz, bibliothécaire du dépôt central de l'artillerie, ancien professeur de mathématiques transcendantes et d'artillerie à Mayence, officier de l'Université royale ;

Terquem (le docteur), médecin à Metz (frère du précédent) ;

Cahen, docteur en médecine, à Paris ;

Lallemand, *idem* ;

Heller, *idem* ;

Friedlander, docteur en médecine, savant distingué, l'un des collaborateurs de *la Biographie universelle*, dans laquelle il a fait une excellente notice sur Mendelsohn, dont son oncle David Friedlander a été l'ami, l'élève et le collaborateur (né à Berlin, mais naturalisé Français) ;

Mevil (Eugêne), chevalier de la Légion-d'Honneur, auteur de plusieurs productions littéraires ;

Dalmbert (Mathis), élève de l'Ecole Polytechnique, auteur de quelques écrits, et éditeur d'un ouvrage qui a paru pendant quelque tems sous le titre de *l'Israélite français.*

Goudchaux (Lion), de Nancy, chirurgien en chef des armées, chevalier de la Légion-d'Honneur et de l'ordre royal de Naples;

Gerson-Lévy, membre de la Société littéraire de Metz;

Anspach (Joël), pareillement membre de cette Société, auteur d'une traduction des prières hébraïques dont il sera parlé ci-après;

Nathan (Lévy), de Bordeaux, agrégé de l'Université;

Breslau (Louis), professeur de langues anciennes et modernes à Nancy (né en Silésie, mais naturalisé Français);

Maas, chef de bureau dans une administration d'assurance générale de Paris, élève de l'Ecole Normale, auteur de divers écrits;

Rodrigues fils, docteur ès-sciences, auteur, conjointement avec le précédent, d'un écrit sur la caisse hypothécaire. (fils de M. Rodrigues, secrétaire du consistoire de Paris);

Berr (Jacob), ancien médecin à la suite des armées;

Berr (Hippolyte), docteur en médecine à Metz.

Rodrigues, homme de lettres à Bordeaux, etc.

3°. Entre les négocians, banquiers, manufacturiers et propriétaires :

MM.

Berr de Turique (Berr Isaac), manufacturier et ancien conseiller municipal à Nancy, propriétaire, pensionnaire du Roi, membre laïque et ancien du consistoire de Nancy, auteur de quelques écrits pour ses coreligionnaires, et membre des assemblées israélites de 1806 ;

Lazard (Jacob), ancien membre du consistoire central, d'où sa retraite volontaire a causé beaucoup de regrets, et où il a rendu beaucoup de services à ses coreligionnaires, ainsi que dans l'assemblée des députés israélites en 1806 ;

Worms (Olry Hayem), ancien adjoint d'une des mairies de Paris, banquier, propriétaire de la filature de coton de Romilly, chevalier de la Légion-d'Honneur ;

Berr (Jacob), membre laïque du consistoire de Metz ;

Schwab (Mayer), *idem ;*

Goudchaux (Isaac), membre laïque du consistoire de Strasbourg ;

Goudchaux (Michel), banquier à Nancy ;

Lévy (père, fils et neveu), de Nancy ;

Weil (Baruch), fabricant de porcelaine à Paris ;

Singer, négociant à Paris, qui a publié des observations critiques sur l'organisation des consistoires ;

Rodrigues père, secrétaire du consistoire départemental de Paris, professeur de tenue de livres, ancien secrétaire de l'assemblée juive de 1806 ;

Furtado jeune, négociant et armateur à Bayonne, et son fils à Paris (l'un frère et l'autre neveu de feu Furtado aîné) ;

Gradis fils, négociant à Bordeaux ;

Lopez-Dubec père, ancien adjoint de la mairie de Bordeaux, et président du consistoire de cette ville ;

Lopez-Dubec fils, propriétaire et conseiller municipal près de Bordeaux ;

Gomes (Benjamin), négociant à Bayonne, auteur d'un ouvrage contenant une nouvelle méthode plus expéditive de calculer : travail qui a été jugé favorablement par la Société pour l'instruction élémentaire de Paris, et par la commission royale de l'instruction publique ;

Valory fils, négociant à Bayonne, auteur d'une brochure contenant un projet pour le défrichement et la population des Landes : ouvrage qui a été bien accueilli par S. Exc. le ministre de l'intérieur ;

Trennelle, chef de bureau dans l'administration des salines de l'est, à Einville (Meurthe), etc.

4°. Entre les jurisconsultes :

MM.

Mayer (Daniel), de Strasbourg, avocat à la cour royale de Paris ;

Oulif, avocat à Metz ;

Bing (Charles), avoué à Metz, auteur d'une traduction d'un ouvrage du pasteur Ewald de Carlsruhe, sur l'éducation des jeunes demoiselles, fils de feu Isaïe Berr Bing, etc.

5°. Entre les agronomes :

M. May (Moïse), négociant à Neufchâteau, département des Vosges, propriétaire à Landaville ; lequel a obtenu, en 1807, une médaille d'encouragement de la Société d'agriculture de Paris, pour les travaux d'amélioration qu'il a exécutés dans ce domaine.

6°. Entre les artistes :

M. Halevy (Fromenthal), compositeur de musique, élève de Chérubini, actuellement pensionnaire du gouvernement à Rome, après avoir remporté le grand prix de composition (fils de M. Elie Halevy, mentionné ci-dessus, pages 56 et 87);

Et plusieurs autres dans la capitale et les provinces qu'il serait trop long de citer.

7°. Entre les militaires :

MM.

Wolff (le général baron), maréchal de camp, commandant de la Légion-d'Honneur; et son frère, chef de bataillon, chevalier de la même Légion (petits-fils de feu Cerf Berr);

Maurice (le colonel), de Nancy;

Cerf Berr (Alphonse-Théodore), capitaine d'artillerie, chevalier de la Légion-d'Honneur, auteur de plusieurs productions littéraires, directeur du Gymnase dramatique (pareillement petit-fils de feu Cerf Berr);

Mevil (Gustave), capitaine d'artillerie, chevalier de la Légion-d'Honneur;

Festel, capitaine, directeur du dépôt d'armes de Mutzig, officier de la Légion-d'Honneur;

Worms fils, capitaine et chevalier;

Berr (le chevalier Lion), de Nancy, capitaine aux Invalides;

Ravel (le chevalier), capitaine;

Bing (Isidore), lieutenant d'artillerie (fils de feu Isaïe Berr Bing), etc.

Quelques-uns de ces Israélites ont déjà été cités précédemment dans d'autres écrits publiés sur les Juifs par divers écrivains.

Les femmes de cette religion ont encore fait, à proportion, de plus grands progrès dans la carrière de l'éducation civile ; mais la modestie qui caractérise partout ce sexe nous interdit ici toute citation. Nous nous bornerons à dire que ce ne sont pas les dames israélites attachées par les souvenirs ou les affections aux plus distingués de leurs coreligionnaires sur lesquelles les éloges pourraient tomber avec le moins de justice.

Parmi les familles juives qui, par leur éducation ou leur moralité ou leur fortune, exercent le plus d'influence sur leurs coreligionnaires, on peut citer celles dont les noms suivent; savoir :

A Paris, Worms, Schmoll, Dalmbert, Fould, Mevil, Singer, Lazard, Rodrigues, Silveyra, Brandon, Alligri, Ravel, Hatzfeld, Théodore et Baruch Cerf-Berr, Halphen, Salvador, Mayer-Bing, Oulman, Javal, etc.;

A Bordeaux, Gradis, Raba, Lopez-Dubec, Lopez-Dias, Dacosta, Perraire, Pimentel, Fonseque, Rodrigues, Chaves, Sasportas, Alexandre, etc.;

A Bayonne et au Saint-Esprit, Furtado, Patto, Castro, Carvalho, etc.;

A Marseille, Constantini, Bacri, Scianna, Bedarrides, Cremieux, etc.;

A Avignon, Monteux, Milhaud, etc.;

A Metz, Bing, Anspach, Terquem, Schwab, Berr, Goudchaux, Gerson-Levy, Wittersheim, Nathan-Marx, Dupont, Worms, etc.;

A Nancy, Berr de Turique, Goudchaux, Levy, etc.;

A Strasbourg, Ratisbonne, Bamberg, Picard, Dreifous, Léopold, etc.;

A Besançon, Lipman, etc.;

A Verdun, Oulry-Lipman, etc.

QUESTIONS.

12°. *Le sanhédrin convoqué par Napoléon a-t-il eu quelque suite?*

RÉPONSES.

12°. Le grand sanhédrin, qui s'est tenu à Paris en 1807, rendit à cette époque des décisions doctrinales, fondées sur les principes de la loi tant écrite qu'orale, concernant divers points de la religion des Juifs.

Il décida que la polygamie ne peut leur être permise dans les divers Etats où elle est prohibée par les lois civiles;

Que toute répudiation d'une femme juive par son mari doit être précédée d'un divorce légalement prononcé par les tribunaux (mais dans l'état actuel des choses le divorce n'est plus admis par les lois françaises);

Qu'aucun rabbin, ou aucune autre personne professant le culte israélite, ne peut prêter son ministère à la célébration d'un mariage sans que les conjoints se soient déjà unis civilement devant l'officier de l'état civil;

Que les mariages mixtes entre les Chrétiens et

les Israélites n'entraînent point anathème pour ces derniers, quoique ces sortes d'unions ne soient pas susceptibles d'être revêtues des formes religieuses;

Que les Israélites doivent considérer comme frères leurs concitoyens habitans d'un même Etat, mais professant d'autres religions et regarder comme leur patrie le pays où ils sont nés et où ils jouissent des droits de citoyen;

Que ceux d'entre eux qui se trouvent appelés au service militaire sont dispensés, pendant sa durée, de toutes les observances religieuses qui ne pourraient se concilier avec ce même service;

Que le prêt à intérêt au taux légal n'est permis aux Israélites, non-seulement à l'égard de leurs coreligionnaires, mais encore envers leurs concitoyens d'autres religions, que dans le cas de spéculations commerciales, et que l'usure leur est absolument interdite, même avec les étrangers de toutes les nations.

Avant de se séparer, le grand sanhédrin recommanda à tous les rabbins de se conformer à ces maximes dans leurs prédications et instructions, et exhorta en même tems tous les Israélites français à se livrer aux arts utiles ou aux professions libérales, et à acquérir des biens-fonds.

Les décisions doctrinales du grand sanhédrin ont été adoptées par toutes les synagogues de l'Europe.

QUESTIONS.

13°. *Voit-on souvent en France des Juifs qui se font baptiser? Ces convertis ne forment-ils pas une secte particulière?*

RÉPONSES.

13°. On voit très-peu de Juifs se faire baptiser, et on n'a pas connaissance que ces nouveaux convertis forment de secte particulière.

Il n'existe point à Paris de société semblable à celle qui s'est formée à Londres dans le but de chercher à attirer les Juifs au christianisme.

QUESTIONS.

14°. *Les livres de théologie pour les rabbins sont-ils encore écrits en hébreu? Où se trouve l'imprimerie hébraïque en France? Est-elle sous la surveillance du ministère? Fait-elle des envois de livres pour l'étranger?*

RÉPONSES.

14°. Les livres de prières, de liturgie et de théologie, en hébreu, s'impriment à Paris, à Metz et à Nancy. On en tire aussi de l'étranger, où les Juifs ont des imprimeries à Amsterdam, à Livourne, à Furth, à Prague, à Lemberg, etc.

Le principal établissement en ce genre à Paris est celui de M. Setier, auteur d'une grammaire hébraïque estimée. Le consistoire central se l'était attaché en lui donnant le titre de son imprimeur, qu'il a porté pendant plusieurs années, mais auquel il a renoncé il y a environ deux ans.

Les livres français et hébreux imprimés à Metz pour l'instruction religieuse des Israélites français, ainsi que quelques autres ouvrages de ce genre publiés ailleurs, sont sortis des presses d'un Juif de cette ville, M. Hadamar, imprimeur en langues anciennes et modernes, aussi recommandable par son zèle que par son instruction.

On n'a pas connaissance que l'impression de ces sortes de livres soit soumise à des règlemens particuliers, autres que ceux auxquels sont assujettis tous les imprimeurs.

QUESTIONS.

15°. *Y a-t-il des caraïtes en France?*

RÉPONSES.

15°. Il n'existe point de caraïtes en France. Tous les Juifs qui s'y trouvent établis sont rabbanites ou sectateurs du *Talmud* et des traditions des rabbins. Cependant les Juifs espagnols et portugais n'adoptent pas quelques-uns des usages religieux que le zèle exagéré de certains rabbins polonais a introduits chez les Juifs allemands; mais, précisément par cette raison, ils sont d'ordinaire plus attachés aux principes fondamentaux du culte de leurs pères, du moins actuellement.

Le service divin se célébrait en général jusqu'ici avec plus d'ordre et de décence chez les portugais.

Il n'existe point encore de traduction de l'Ancien Testament faite en français et destinée à l'usage des Israélites établis en France ; mais M. Michel Berr en a publié avec succès un abrégé assez considérable, comme on l'a vu ci-dessus. C'est le premier ouvrage d'instruction religieuse qui ait paru dans la langue nationale pour les Israélites français.

Jusqu'à présent, c'est de la bible espagnole, dite *de Ferrare*, que se servent habituellement ceux des Juifs de race espagnole ou portugaise qui n'ont pas étudié l'hébreu. Cette bible, ainsi appelée parce qu'en effet elle fut publiée pour la première fois à Ferrare en 1553, sous les auspices d'Hercule II d'Este, souverain de cette ville, a été plusieurs fois réimprimée depuis à Amsterdam.

A l'égard des Juifs allemands qui se trouvent dans le même cas, ils font usage de la traduction allemande de la bible publiée à Berlin, il y a une quarantaine d'années, par Moses Mendelsohn et autres Israélites savans de cette ville.

Il y a quelques différences, relativement aux formules des livres de prières, entre les espagnols et les allemands, mais seulement dans les prières qui ne sont pas obligatoires, et elles ne sont pas assez importantes pour constituer deux sectes distinctes : aussi les Juifs, quelle que soit leur origine, ne font-ils point de difficulté d'aller aux synagogues les uns des autres, et la réunion de ceux de différentes origines en une seule synagogue et un seul rite est depuis quelques années assez généralement demandée.

Beaucoup d'Israélites, et notamment M. Michel Berr dans ses écrits, ont exprimé le désir que, dans une synagogue où cette réunion serait effectuée, les discours religieux et les prières fussent faits dans la langue nationale en concurrence avec la langue sacrée ; mais le même écrivain s'est fortement prononcé contre l'idée, suggérée dans une brochure pseudonyme, de célébrer l'office divin en français le dimanche.

En attendant que des prédications dans la langue nationale soient faites dans les synagogues de France, l'exemple en est déjà donné par les professeurs ou administrateurs des écoles élémentaires, qui, dans des réunions de leurs coreligionnaires, prononcent, les samedis et autres fêtes suivies, des discours sur des sujets de morale ou de dogme. M. Drach, à Paris ; M. Mayer-Marchand, à Nancy ; MM. Anspach et Gerson-Levy, à Metz, ont déjà prononcé dans ce genre des discours remarquables et dignes d'éloges.

Les prières des Juifs espagnols ont été traduites en français par Venture ; et cette traduction, imprimée en 1772, a paru de nouveau en 1807.

Il existe aussi une traduction française des

prières des Juifs allemands avec le texte hébreu, récemment publiée par M. Joël Anspach, de Metz, et une autre par M. Drach qui avait paru précédemment sans texte.

Antérieurement à la révolution, et avant que la langue française se fût répandue parmi les familles israélites originaires d'Allemagne, les plus distinguées d'entre elles se servaient de la traduction allemande des prières par David Friedlander, de Berlin.

La manière dont les espagnols prononcent l'hébreu n'est pas la même que parmi les allemands, circonstance qui a donné lieu à des discussions assez animées, lorsqu'il a été question d'adopter un mode uniforme de prononciation pour la nouvelle école israélite de Paris. La prononciation espagnole et portugaise est généralement regardée comme la meilleure ; elle n'est cependant pas précisément la prononciation orientale qui est la véritable ; mais c'est celle qui en approche le plus. Néanmoins les esprits les plus sages ont désiré et obtenu que dans l'école israélite de Paris les deux prononciations fussent concurremment établies pour le moment, à cause de beaucoup d'inconvéniens qui auraient résulté de l'exclusion actuelle de l'une des deux, et jusqu'à ce que la prononciation primitive ou orientale ait été généralement rétablie dans les synagogues françaises. Il paraît que la nécessité de faire pour le moment usage dans les écoles élémentaires des Israélites des deux prononciations a été prouvée et soutenue par des hommes très-instruits qui connaissent très-bien la supériorité philologique de la prononciation portugaise sur celle dite allemande, et qui même se servent personnellement de la première, tandis que l'usage exclusif de la bonne prononciation a été en grande partie soutenu par des Israélites à qui les deux prononciations sont parfaitement inconnues et qui ne savent même pas lire l'hébreu.

Les espagnols et portugais, ayant acquis plus tôt quelques prérogatives sociales, se regardaient comme étant d'une classe plus distinguée que les autres Juifs, et montraient, en général, de la répugnance à s'allier avec eux; mais cet éloignement a cessé depuis la révolution.

Les distinctions d'origine dont il s'agit s'effacent entièrement depuis que tous les Israélites de France se trouvent réunis dans une même organisation religieuse, et jouissent des mêmes droits politiques. L'usage de l'espagnol et de l'allemand se perd également chez les uns et les autres, et est remplacé par l'emploi presque général et exclusif de la langue nationale.

ADDITIONS.

Page 37, ligne 17, *après ces mots*, par le gouvernement, *ajoutez :* De nouveaux changemens à quelques articles de ce règlement sont généralement demandés; mais les Israélites de France sont loin de désirer, comme on pourrait le supposer d'après quelques demandes individuelles, la suppression de ce règlement dont ils reconnaissent au contraire l'importance et la légalité, mais dans les dispositions et l'exécution duquel ils voudraient seulement voir cesser des abus depuis long-tems signalés. L'opinion générale réclame surtout le changement du mode actuel de nomination des membres du consistoire central, celui du renouvellement perpétuel entre eux et par eux-mêmes, pour y substituer un mode de concours général de tous les notables israélites de France. Cette opinion ne s'élève pas moins vivement contre l'inamovibilité actuelle des notables et des membres laïques des consistoires particuliers. Ces membres laïques sont sans rétribution; mais tous les travaux de rédaction et de bureau sont confiés à des secrétaires et commis payés aux frais des contribuables. Le désir des Israélites serait, à ce qu'il paraît, que le nombre de ces membres fût augmenté, que des hommes éclairés et zélés de leur religion pussent remplir ces fonctions gratuitement, comme cela se pratique dans les communions protestantes, et que les contributions destinées aux frais du culte fussent exclusivement consacrées au traitement des docteurs de la loi, ainsi qu'à la fondation et à l'entretien d'établissemens de bienfaisance, de culte et d'instruction.

Page 39, ligne 25, *après ces mots*, du culte mosaïque, *ajoutez :* Les membres laïques du consistoire central sont MM. Schmoll et S. M. Dalmbert, anciens fournisseurs, actuellement propriétaires; le second est chef de bataillon dans la garde nationale, et chevalier de la Légion-d'Honneur, décoration qu'il a reçue lors de la promotion faite à l'occasion du baptême de S. A. R. le duc de Bordeaux. Pour les rabbins, voyez plus loin. Les membres du consistoire départemental de Paris sont M. Seligmann, grand rabbin; M. le chevalier Worms de Romilly, banquier; M. Baruch Weil, fabricant; M. Halphen, joaillier, et M. B. Rodrigues, ancien banquier.

Page 40, ligne 10, *après ces mots*, et l'avis des préfets, *ajoutez :* Dans toutes les communes habitées par des Juifs (excepté les endroits où il n'y en a qu'une ou deux familles, ou bien quelques individus isolés), ils ont un temple, ou à défaut une sorte d'oratoire ou maison de prières, ainsi qu'un chantre ou ministre officiant, qui fait aussi les fonctions de sous-rabbin, nommément pour la célébration des mariages, moyennant l'autorisation qu'il obtient du grand rabbin de la circonscription. Ce chantre est ordinairement chargé de tuer les animaux suivant le rite des Israélites, et tient en outre une école où les enfans apprennent à lire l'hébreu et à réciter les prières. Dans les lieux où les individus de cette religion se trouvent en nombre tant soit peu considérable, ils ont un rabbin titré qui exerce son ministère sous la dépendance du grand rabbin de la circonscription.

Le gouvernement s'est attaché à donner des cimetières particuliers aux Israélites, partout où cette mesure a été praticable, afin d'éviter autant que possible toute difficulté au sujet des inhumations.

Ils ont dans divers endroits des hospices et des bureaux de charité nommés par les consistoires. Outre ces établissemens particuliers, les Israélites pauvres sont compris dans le nombre de ceux qui participent aux secours de la charité publique par les distributions des comités de bienfaisance, et quelquefois même par l'admission dans les hospices. Les Juifs riches ou aisés participent aussi proportionnellement à toutes les taxes et à toutes les contributions volontaires dont se forment les fonds destinés au soulagement des indigens.

Page 46, ligne 11, *ajoutez :* L'assemblée des députés juifs, ouverte à Paris le 26 juillet 1806, était composée de cent onze membres, dont soixante-six pour l'ancienne France, y compris Avignon; seize pour les provinces du Rhin alors annexées à la France; treize pour les pays au delà des Alpes qui en faisaient à cette époque également partie, et seize pour le royaume d'Italie. Les membres les plus marquans ont été, 1° pour l'ancienne France: MM. Worms de Romilly, Michel Berr, Jacob Lazard (actuellement bijoutier du Roi); Théodore Cerf Berr, Rodrigues, professeur de tenue de livres (de Paris); Berr Isaac Berr, Moïse Lévy (de Nancy), Jacob Goudchaux Berr, Cerf Goudchaux, Schwab (de Metz); David Sintzheim, rabbin; Samuel Wittersheim, pareillement rabbin; Lipmann Cerf Berr, Baruch Cerf Berr (de Strasbourg); feu Furtado (de Bordeaux); Andrade, rabbin (du Saint-Esprit); Milhaud, rabbin, et auteur de poésies hébraïques (d'Avignon). 2° Pour les provinces du Rhin : MM. Lyon Marx et Mayer Marx, négocians (de Bonn); Oppenheim, banquier (de Cologne); Emmanuel Deutz, actuellement grand rabbin du consistoire central (de Coblentz). 3° Pour les provinces italiennes : Feu Segre, grand rabbin [illegible] consistoire central (de Verceil); Avigdor, négociant (de Nice); feu Emilie Vitta (de Casal); Samuel-Jacob Ghidiglia, rabbin (de Turin); 4° Pour le royaume d'Italie : Feu Formiggini, qui fut membre du corps législatif italien (de Milan); le chevalier de Cologna, grand rabbin (de Mantoue); feu Cracovia, rabbin et bibliothécaire; Latis, négociant (de Venise); Zamorani, médecin, rabbin et auteur de poésies hébraïques (de Ferrare). Cette assemblée eut pour président feu Furtado (ballotté en concurrence avec M. Berr Isaac Berr), et pour secrétaire M. Rodrigues, professeur de tenue de livres à Paris, et M. Avigdor, négociant à Nice. Les scrutateurs étaient MM. Worms de Romilly (alors adjoint d'une des mairies de Paris), Théodore Cerf Berr, et Emilie Vitta.

Le grand sanhédrin, ouvert à Paris le 4 février 1807, était composé de soixante-onze membres, y compris le président : savoir : 1° des rabbins au nombre de dix-sept, qui faisaient déjà partie de la première assemblée; 2° de vingt-neuf autres rabbins choisis par les préfets; 3° de vingt-cinq membres laïques élus entre eux par les députés formant la première assemblée.

Le président (feu Sintzheim) et ses deux assesseurs (feu Segre et M. de Cologna) furent choisis par le gouvernement, ainsi que le secrétaire-rédacteur de ce corps (M. Michel Berr). Ses décisions furent rendues sur le rapport de feu Furtado, choisi à cet effet par le président.

C'est parmi les membres de l'assemblée de 1806 qu'ont été choisis la plupart de ceux des divers consistoires lors de leur première formation.

Page 50, ligne 11, *après ces mots*, de chaque consistoire, *ajoutez :* Depuis 1819, la perception de cette contribution se trouve chaque année autorisée dans le budget général de l'Etat.

Page 50, ligne 23, *après ces mots*, des prénoms fixes, *ajoutez :* Cette mesure, qui a déjà produit d'heureux effets sous le rapport civil, a été imitée dans plusieurs pays, notamment dans les Pays-Bas et en Pologne.

Page 51, ligne 24, *après ces mots*, dresser procès-verbal, *ajoutez :* Néanmoins cette forme de serment, consacrée par l'usage, n'est pas encore légalement reconnue pour obligatoire, soit par le gouvernement, soit par les Israélites. Elle n'est pratiquée que dans la ci-devant Alsace où elle a été arrêtée il y a quelques années par la cour de Colmar, d'après ce qui se pratiquait précédemment au conseil souverain de cette province.

La cour royale de Metz a réformé un jugement du tribunal de commerce de cette ville qui enjoignait à un Israélite de prêter serment suivant la formule alsacienne.

Le consistoire central a hautement désavoué l'emploi de ce mode de serment par ses réclamations auprès du ministère, et les grands rabbins qui font partie de ce corps ont publié un écrit dans lequel ils établissent que la forme de se[illegible]usitée pour tous les Français est religieusement valable s[illegible] croyance juive.

Page 54, ligne dernière, *après [illegible] mots*, ce qui a déterminé les consistoires à former, *ajoutez :* A l'instar des Protestans.

Page 55, ligne 21, *après ces mots*, d'histoire et de géographie, *ajoutez :* Le comité administratif de cette école est composé des Israélites les plus distingués de la ville, et elle a un excellent professeur dans M. Lambert, auteur de quelques ouvrages estimés sur la langue hébraïque et la religion juive, et en dernier lieu d'élémens de grammaire hébraïque en hébreu et en français.

Page 55, ligne 27, *après ces mots,* un comité de neuf membres, *ajoutez :* Nommé par ce consistoire, et présidé par M. le chevalier et grand rabbin de Cologna. M Maas remplit dans ce comité les fonctions de secrétaire, et M. Hatzfeld père celles de trésorier. Les autres membres actuels sont MM. Halevy, Cahen, médecin; Mayer, avocat; Silveyra, architecte; Lecerf, fabricant; Wittersheim jeune, Sciama, Daninos, et Polak, négocians.

Plusieurs autres Israélites ont appartenu à ce comité, et ont successivement cessé d'en faire partie. On distingue parmi eux MM. Alphonse Cerf Berr, Terquem, Michel Berr, Singer, Furtado fils, et Mathis Dalmbert.

Page 56, ligne 2, *après ces mots*, les mêmes objets, *ajoutez :* M. Michel Berr a provoqué et accéléré l'établissement de cette école en qualité de membre du conseil d'administration de la société pour l'instruction élémentaire. L'administration de cette école a donné le titre de *bienfaiteurs* à ceux des Israélites qui ont fait en sa faveur avec le plus de libéralité des dons et des fondations. Elle compte entre eux les plus marquans de ceux qui résident dans la capitale, même quelques personnes étrangères, professant la même religion, qui font leur séjour en cette ville, telles que M. Rothschild, banquier, et M. Abramson, négociant.

Page 56, ligne 7, *après ces mots*, en pleine activité, *ajoutez :* M. Mayer-Marchand, jeune rabbin instruit, dirige celle de Nancy; et M. Michel Goudchaux, banquier, remplit les fonctions de secrétaire-trésorier du comité de cette école. Pour Strasbourg, il faut citer MM. Goudchaux et Ratisbonne, membres laïques du consistoire, et M. Bamberg, membre du comité de l'école.

Page 56, ligne 15, *après ces mots*, accompagnés d'explications, *ajoutez :* S. Exc. le ministre de l'intérieur, sur la demande du consistoire central, a pris cent exemplaires de cet ouvrage qu'il a fait distribuer aux écoles des Israélites. M. Michel Berr, dans un de ses derniers écrits, en donnant des éloges à ce petit ouvrage, a invité l'auteur à ajouter, dans une seconde édition, quelques textes relatifs au dogme de l'immortalité de l'ame, fondamental de toutes les croyances, et qui l'est également dans la religion juive, comme M. Berr l'a prouvé dans une réponse à M. l'abbé de Pradt, sur un passage des *Quatre Concordats* de ce dernier.

Depuis, le consistoire central a adopté et publié un très-bon précis élémentaire rédigé par les grands rabbins de ce consistoire pour l'instruction religieuse de la jeunesse israélite de France.

M. Michel Berr avait publié, avant ces deux ouvrages, un livre intitulé : *Abrégé de la Bible, et Choix de morceaux de piété et de morale*, lequel a été approuvé par la société pour l'instruction élémentaire de Paris, et adopté pour plusieurs écoles israélites de

France, notamment pour celles de Metz et de Nancy, par les commissions de ces écoles, et pour celle de Paris par le professeur M. Drach.

Les écoles élémentaires des Israélites, à l'instar de celles des Protestans, sont destinées exclusivement à l'enseignement primaire et religieux de leurs enfans; mais en même tems ils tiennent infiniment à ce que ces derniers continuent, pour les autres branches de l'enseignement, à être admis dans les écoles publiques, comme cela se pratique depuis trente ans. Une demande ayant été faite pour que l'administration de l'école fondée et soutenue par les Israélites fût aussi obligée d'admettre des enfans chrétiens proposés par les fondateurs, cette proposition a été rejetée par la commission, particulièrement d'après les motifs développés par MM. Cologna, Michel Berr, et autres, comme vexatoire, irréligieuse, et pouvant faire croire à un système dangereux de prosélytisme.

D'un autre côté, M. Berr, dans une lettre adressée à M. Villenave sur les premières livraisons de l'*Israélite Français*, a combattu, ainsi que plusieurs de ses coreligionnaires les plus éclairés, l'idée suggérée dans cet ouvrage par M. Simon Mayer Dalmbert, d'établir une école publique, uniquement consacrée aux Israélites pour toutes les branches de l'éducation et tous les degrés de l'enseignement, avec un régime intérieur approprié à leur rite religieux. Ce projet a été désapprouvé comme renfermant des vues qui, par un zèle excessif pour les cérémonies du culte, tendent à isoler les jeunes Israélites de leurs concitoyens, et à les priver par la suite d'une partie de leurs droits civils et politiques.

Page 63, ligne dernière, à la note, *après ces mots*, royaume de Valence, *ajoutez :* De même qu'à Nice. Il vient aussi des palmes des îles Ioniennes telles que Corfou, etc.

Page 76, ligne 5, *ajoutez :* Nous devons à M. le chevalier et grand rabbin de Cologna les éclaircissemens suivans sur l'état des Israélites en Italie :

On compte dans la partie de l'Italie qui formait précédemment le royaume de ce nom à peu près quinze mille Juifs, y compris le petit nombre de ceux qui sont établis dans les Etats de Parme. Le grand duché de Toscane et l'Etat romain en ont presqu'autant.

Une partie de ceux qui furent expulsés d'Espagne et de Portugal, à la fin du quinzième siecle, se retira en Italie et en Piémont. Le pape Paul III; Côme, grand duc de Toscane; Hercule d'Este, duc de Ferrare; Emmanuel Philibert, duc de Savoie, et le sénat de Venise, donnèrent un asile hospitalier aux Juifs espagnols et portugais, et leur accordèrent en outre des priviléges spéciaux.

D'après ce que rapporte dans ses Mémoires un auteur très-ancien (Donesmondi, noble Mantouan), les Juifs s'établirent à Mantoue immédiatement après la destruction du temple de Jérusalem par Titus. Cet écrivain assure que les habitans de ce pays, qui était alors province romaine, ayant fourni un contingent pour la conquête de la Judée, la légion mantouane, à son retour, amena avec elle un certain nombre de prisonniers israélites. En 1630, par un acte arbitraire et spoliateur des deux généraux autrichiens Colloredo et Collalto, qui commandaient l'armée impériale contre le duc de Mantoue, les Juifs durent sortir de cette ville et abandonner leurs richesses à la cupidité des vainqueurs. Au bout de peu de mois l'empereur désavoua formellement la violence exercée en son nom, et ordonna le rappel immédiat des Israélites, qui eut lieu vers la fin de la même année par ordre du duc de Mantoue, rentré en possession de son duché par suite de la paix conclue avec l'Empire.

Il y avait anciennement beaucoup de Juifs dans les duchés de Milan et de Crémone; mais ils en sortirent par l'ordre de Philippe V, devenu maître de cette contrée. Maintenant plusieurs familles se sont établies à Milan où elles ont une synagogue.

Il y en avait aussi à Bologne d'où ils furent également expulsés, ce que l'on croit, vers la fin du seizième siècle; actuellement quelques familles israélites y sont domiciliées.

Autrefois ont comptait un grand nombre d'Israélites dans la ville de Naples et dans la Pouille. Le célèbre don Isaac Abarbanel, lors de son exil de l'Espagne, passa à Naples où il sut si bien se concilier les bonnes grâces du roi Alphonse que ce monarque le chargea de négocier un traité entre lui et le sénat de Venise. Les Juifs ont été expulsés de Naples en 1740. Quelques familles de cette religion s'y sont récemment établies, mais jusqu'ici en très-petit nombre, et ne formant pas de corporation.

Lors de la catastrophe arrivée à la ville de Messine, qu'un horrible tremblement de terre détruisit de fond en comble en 1783, le roi de Naples publia un édit par lequel il appela les Israélites à venir s'y établir, en leur offrant toute sorte de liberté religieuse et civile. On assure qu'il y a maintenant des familles juives fixées en cette ville.

Page 85, ligne 5, *à l'article de* Sintzheim, *ajoutez :* Auteur de quelques livres de théologie en hébreu et d'une lettre pastorale contre l'usure, publiée à Strasbourg quelque tems avant l'assemblée des députés juifs et du sanhédrin.

Page 85, ligne 18, *à l'article de* Buchenthal, *ajoutez :* L'un des rédacteurs du journal israélite allemand, publié à Berlin sous le titre de *Jedidia,* ou *Ami de Dieu*, concurremment avec un autre ouvrage du même genre rédigé à Dessau par M. David Frenkel, et auquel Buchenthal avait aussi coopéré.

Page 86, *à l'article* de M. Drach, *ajoutez :* Il a aussi composé une ode en hébreu, avec la traduction française, au sujet de la naissance de S. A. R. le duc de Bordeaux, et il a eu l'honneur de la présenter lui-même à S. M.; M. Drach est gendre de M. Deutz, grand rabbin du consistoire central. Il vient de publier, pour la seconde fois, un almanach israélite en français, qu'il a fait précéder des règlemens organiques de ce culte, dont on a parlé ci-dessus, et auxquels on réclame généralement des modifications importantes.

Page 87, ligne 4, *à l'article de* M. Ensheim, *ajoutez :* Ancien ami et collaborateur de Mendelsohn, à Berlin, où il passa fort jeune; ensuite lié avec feu Isaïe Berr Bing, aux enfans duquel il contribua à donner une éducation distinguée; actuellement instituteur de ceux de M. Furtado jeune à Bayonne; auteur d'un ouvrage sur la géométrie, que le célèbre Lagrange a revêtu de son approbation.

Page 91, *à l'article de* M. Oulif, *ajoutez :* Rédacteur, conjointement avec un de ses collègues au barreau de Metz, d'un *journal de jurisprudence des tribunaux de la Moselle.*

Page 91, *au paragraphe des* artistes, *ajoutez :* Les Israélites allemands ont un chantre nommé M. Loevy, dont la belle voix et la méthode savante, pure et expressive, ont attiré l'attention de beaucoup d'amateurs de musique. C'est d'ailleurs un très-habile musicien, et un homme fort recommandable par l'éducation distinguée qu'il a donnée à ses enfans.

Page 92, *à la fin des* listes, *ajoutez :* Il faut encore compter parmi les Israélites français les plus dignes d'estime le frère aîné de M. Alphonse Théodore Cerf Berr, M. Frédéric Théodore Cerf Berr, actuellement chancelier du consulat de France à Philadelphie, et qui avait été auparavant secrétaire particulier du gouverneur français de l'île de Corfou, et son frère cadet M. Marx Théodore Cerf Berr, officier d'infanterie : ils sont tous les trois fils de M. Théodore Cerf Berr qui, parmi les Israélites français, est un des pères de famille qui se sont le plus honorés par de constans sacrifices pour donner une éducation distinguée à leurs enfans.

FIN.

www.ingramcontent.com/pod-product-compliance
Lightning Source LLC
LaVergne TN
LVHW020028170826
845678LV00001B/170

* 9 7 8 2 3 2 9 7 5 3 2 2 5 *